CAMINAR CON PODÓMETRO

PODÓMETRO

PROGRAMA DE 6 SEMANAS

CAMINAR CON

PODÓMETRO

PROGRAMA DE 6 SEMANAS

Con el que ganar salud, adelgazar y estar en forma fácilmente

MARK FENTON y **DAVID R. BASSETT JR.**
con Tracy Teare

TUTOR

Editor: Jesús Domingo
Coordinación: Paloma González
Asesor técnico: Alberto Muñoz Soler
Traducción: Joaquín Tolsá

Título original: *Pedometer Walking : Stepping Your Way to Health, Weight Loss, and Fitness*
Esta versión española es traducción de la primera edición inglesa, publicada en Guilford, Connecticut (EE. UU.), por la editorial The Lyons Press en 2006.

Copyright © 2006 *by* Mark Fenton y David Bassett, Jr. (con Tracy Teare).
© 2006 de la edición española
by Ediciones Tutor, S.A.
Marqués de Urquijo, 34. 28008 Madrid
Tel.: 91 559 98 32. Fax: 91 541 02 35
E-mail: info@edicionestutor.com
www.edicionestutor.com

Socio fundador
de la World Sport Publishers' Association
(WSPA)

Fotografía de cubierta: © Stock Photos; recuadro: © Mark Fenton
Fotografías de interior: Gary Higgins, páginas 26, 56, 106, 107, 114: Mark Fenton, páginas 27, 40, 77, 85, 133, 134; David Ellingsen (davidellingsen.com), páginas 95, 96, 97; Cortesía de Decathlon, página 28.

Diseño de cubierta: José M.ª Alcoceba

ISBN 13: 978-84-7902-604-2
ISBN 10: 84-7902-604-9
Depósito Legal: M-36.345-2006
Impreso en Top Printer Plus, S.L.L.
Impreso en España – *Printed in Spain*

A mi madre, caminante consumada,
que a menudo me recuerda las cosas importantes de la vida.
—D.B.

A Joan'd y Fuel, que me metieron en una feliz aventura
ya desde los primeros pasos.
—M.F.

"... el tónico sublime del cuerpo es el ejercicio, y de todos los ejercicios el mejor es caminar. Un caballo no ofrece más que una especie de medio ejercicio, y un carruaje no es mejor que una cuna. Nadie sabe, hasta que lo prueba, con cuánta facilidad se adquiere el hábito de andar. Una persona que no ha caminado nunca tres millas, en el curso de un mes se hace capaz de andar 15 o 20 sin fatiga (...). Si estás dispuesto a intentarlo (...), será necesario que empieces por poco, y que vayas incrementándolo gradualmente."

—Thomas Jefferson, en una carta
a Thomas Mann Randolf, Jr.,
su futuro yerno.
París, 27 de agosto de 1786

Índice general

Agradecimientos

Estamos en deuda con los colegas de David en la Universidad de Tennessee por sus aportaciones a este libro. Ed Howley y Dixie Thompson ayudaron a dar forma a muchas de las ideas del original a través de discusiones y colaborando en la investigación. La Dra. Diane Klein, geriatra experta en actividad física, proporcionó útil información sobre los efectos del envejecimiento.

Los profesores Bruce Craig, el Dr. Leroy "Bud" Getchell y el Dr. David Costill ejercieron un gran impacto en la carrera de David, introduciéndole en la investigación sobre la fisiología humana en la Ball State University. En la Universidad de Wisconsin en Madison, los Dres. Fran Nagle, Henry Montoye, Jerry Dempsey y Bill Morgan estimularon sus ideas y le animaron a ampliar sus límites. La Dra. Barbara Ainsworth, de la San Diego State University, se ofreció para servirle como mentora en la primera etapa de la carrera de David.

Los Dres. Robert Mann, Robert Bligh y Peter Griffith ayudaron a Mark a desarrollar su pensamiento crítico y sus capacidades de investigación en el Instituto Tecnológico de Massachusetts (MIT), y Charles Dillman, Jay Kearney, Leonard Jansen y muchos ayudantes de investigación del Laboratorio de Ciencias del Deporte en el centro de Entrenamiento Olímpico de EE. UU., demasiado numerosos para nombrarlos a todos, fueron inapreciables mentores a lo largo de los años.

La Dra. Catrine Tudor-Locke, de la Arizona State University, es puntera en el campo de la investigación sobre el podómetro y ha aportado muchos descubrimientos en este campo. La Dra. Gertrude Huntington presentó a David a los amish, y proporcionó una inapreciable ayuda con ese estudio. David Luthy, de la Heritage Historical Library, prestó amablemente su generosa ayuda/asistencia. El Dr. Yoshiro Hatano, de la Universidad de Kyushu (Japón), uno de los pioneros en este campo, ha ofrecido amistad, buenos consejos y palabras de ánimo.

Queremos manifestar nuestro agradecimiento a los muchos estudiantes de postgrado que llevaron a cabo la mayor parte de la investigación y la recolección de datos. Su entusiasmo y optimismo mantienen fresca la investigación, y ha sido un placer observar sus logros. Estamos agradecidos a Pamela Andrews, una ayudante de laboratorio muy capaz que ayudó a reunir artículos de investigación en la biblioteca.

Muchas gracias a Ann Treistman, nuestra editora de adquisiciones en Lyons Press, que percibió el valor de este libro e inició nuestra colaboración sobre el tema. Y hemos de manifestar nuestro especial reconocimiento a la editora Holly Rubino, cuya sagacidad y tremenda calma le permitieron sortear las traicioneras aguas de tratar con una periodista profesional, un científico de investigación y un defensor a ultranza de la salud. Gracias por su mano segura al llevar este libro a buen puerto.

Y por último, gracias a nuestras familias por su paciencia y apoyo, no sólo en la redacción de este libro, sino en nuestros esfuerzos, que siempre llevan tanto tiempo, en la investigación, la enseñanza y la promoción de la actividad física. Sin ellos, este libro no sería una realidad, pero gracias a ellos ha sido una gran alegría.

Recordatorio sobre seguridad

Este programa promueve la actividad física y te estimulará a incrementar con el tiempo tus totales de pasos diarios. Aunque el método sea gradual y se base en tu nivel inicial de actividad, como cualquier programa de ejercicio conlleva ciertos riesgos. Estos riesgos, como, por ejemplo, lesiones musculoesqueléticas, o bien molestias o dificultades respiratorias, son muy reducidos para actividades como caminar a una intensidad moderada. No obstante, los riesgos tienden a ser mayores para actividades de mayor intensidad y para personas embarazadas, ancianas, o con sobrepeso, o que hayan estado inactivas o padezcan afecciones previas. Por tanto, es mejor consultar a tu médico antes de empezar este programa, aunque sólo sea una llamada telefónica para asegurarse de no tener razón alguna para restringir tus niveles de actividad. Dicho esto, es probable que tu médico te anime a ponerte simplemente a caminar.

Introducción

El mundo menguante de Ericka

Ericka Kotska es la clase de persona que algunas mujeres envidiarían. Es una rubia atractiva con chispeantes ojos azules, una sonrisa natural y vivo ingenio. Además, posee la clase de físico esbelto que provoca la celosa respuesta: "Ah, ¿qué te apuestas a que no ha tenido que ponerse a régimen ni un solo día de su vida?". Por supuesto a todos nos encantaba Ericka, editora de *Walking Magazine*. Tenía ese físico en parte porque sí comía saludablemente —aunque recordamos una cierta afición por los helados durante las celebraciones de cumpleaños en la oficina—. ¿Y *hacer régimen*? No estaba en su vocabulario. Resulta que tenía un plan de control de peso mucho más sencillo: caminar de 8 a 10 kilómetros al día. Y lo curioso del caso es que no era en realidad ningún plan.

Ericka no tenía coche y vivía en Boston, a una distancia de 20 minutos caminando desde el metro que cogía a diario, y 40 minutos desde el piso de su novio, Karl. Así que un día típico incluía como mínimo 40 minutos (fácilmente de 4.000 a 5.000 pasos) de viaje activo de casa al trabajo y del trabajo a casa, frecuentes trayectos a pie por el barrio para ir a la compra y hacer recados, y paseos regulares a casa de Karl.

Luego las cosas cambiaron: Karl y ella se casaron, y encontraron un piso estupendo más cercano al metro. Esto redujo el mundo de Ericka: podía emplear menos tiempo para ir y volver del trabajo, y pasar mucho más tiempo con Karl en plena felicidad conyugal. Pero también tuvo la consecuencia no pretendida de provocar que Ericka empezara a ganar algunos kilos. Nada trascendental, pero ella no podía entenderlo: Karl y ella estaban, en todo caso, comiendo mejor porque salían menos de casa a restaurantes, y ella seguía yendo al gimnasio tres o más días a la semana para levantar pesas. Y entonces, ¿por qué los kilos recién ganados? Llevar podómetro le dio la respuesta.

Mientras trabajaba en la revista había utilizado un podómetro y sabía que su antiguo estilo de vida solía requerir 12.000 pasos o más al día. Llevarlo después de su matrimonio le informó de que había perdido unos cuantos miles de pasos en su ir y venir diariamente al trabajo, y a menudo otros 5.000 en recados o paseando hasta casa de Karl. Esto significaba que *no estaba* quemando varios cientos de calorías que normalmente había gastado a diario. Para un día o dos no era gran cosa, pero cinco días a la semana, una semana tras otra, el resultado se iba acumulando. En dos meses, cogió dos kilos y medio, y temió que la tendencia continuase.

Gracias a Dios, su podómetro le dio la respuesta: empezó a bajarse del metro un par de paradas antes para volver a introducir varios miles de pasos en su viaje a y desde el trabajo, y retomó la costumbre de incluir conscientemente paseos muy largos para hacer recados durante el día. El resultado: su peso volvió a la normalidad, y no le parecía que tuviera que añadir a su jornada un montón de "ejercicios estructurados", que llevan mucho tiempo. Su experiencia pone de relieve dos lecciones importantes.

En primer lugar, todo el mundo puede beneficiarse de usar podómetro, incluso una profesional como Ericka que investiga y promueve la salud y la puesta en forma. El uso del podómetro proyecta una luz precisa y objetiva sobre tu actividad diaria, y proporciona una sincera evaluación de lo activa que es tu vida.

En segundo lugar, todo se relaciona con tu estilo de vida. Por supuesto que es estupendo el ejercicio formal, como, por ejemplo, ir al gimnasio o recibir clases. Pero lo que haces en la vida diaria normal importa en enorme medida, y puede servir de gran ayuda o ser un gigantesco obstáculo para cubrir tus metas de salud, adelgazamiento y puesta en forma.

Este libro está construido sobre estas dos lecciones. Con Estados Unidos en trance de una epidemia de obesidad, con diabetes y enfermedades crónicas en incremento constante, necesitamos algo más que un viaje ocasional al gimnasio. Tenemos que examinar nuestra vida diaria y calcular lo activos que en realidad somos (o, en la mayoría de los casos, no somos). Y después necesitamos soluciones (quizás no iguales que la de Ericka, pero sí igual de sencillas y eficaces) que vuelvan a poner nuestro cuerpo en movimiento y nuestras calorías en equilibrio.

Después de todo, somos una especie que está diseñada para moverse. Nuestros antepasados, ya fuera vagando por la sabana en busca de alimento como cazadores-recolectores o bien estableciéndose como agricultores de subsistencia para sacar a duras penas una cosecha, vivían en un mundo que exigía mucha actividad física tan sólo para encontrar su siguiente comida. Incluso después de la revolución industrial, era habitual que la gente realizase trabajo físico agotador hasta 60 horas a la semana y solían caminar como modo principal de transporte. Para exponerlo sencillamente: siempre hemos tenido que gastar calorías para conseguir calorías.

Pero eso ha cambiado espectacularmente para la mayoría de los estadounidenses, especialmente en los últimos 50 años. La mayoría de nosotros realiza en coche la mayor parte de nuestros viajes diarios, un número de personas cada vez mayor trabaja en entornos de oficina o servicios, e incluso empleos en fábrica requieren cada vez menos actividad física y gasto energético verdaderos. Y una comida de 1.600 calorías —con mucho tres cuartos o más de nuestros requerimientos diarios— puede pedirse por la ventanilla de un automóvil y consumirse en el asiento del conductor sin dar un solo paso. Esto es muy distinto de tener que cazarla o cultivarla, como teníamos que hacer hace tan sólo uno o dos siglos. Y éste es un enorme cambio en un mero abrir y cerrar de ojos de tiempo de evolución; demasiado rápido para que nuestros genes se hayan adaptado y nos hayan hecho seres que consuman mejor las calorías. El resultado: un desequilibrio calórico crónico, con millones de estadounidenses comiendo sistemáticamente más de lo que gastan, y una gran cantidad de problemas de salud relacionados con la vida sedentaria y la obesidad. De hecho, no se trata tanto de una epidemia de obesidad como de una epidemia de inactividad física y de mala alimentación. La obesidad es sólo la primera señal de aviso, con otras afecciones crónicas que la siguen de cerca.

> **DICHO SEA DE PASO**
>
> "Un viaje de mil millas comienza con un solo paso."
>
> LAO-TZU

Por tanto, tenemos pocas opciones. ¿Debemos mantenernos a régimen constante y riguroso? No sólo se trata de algo no demasiado atractivo, sino que, basándonos en las cifras de ventas de libros dietéticos, prósperos programas de adelgazamiento y tasas de obesidad que se disparan, no tiene tampoco demasiado éxito. (Aunque comer mejor sea a todas luces una prioridad para la mayoría de los estadounidenses, no trataremos de abordar esa sobrecogedora tarea en este libro.)

¿Y si volvemos a nuestras raíces como cazadores-recolectores y cazamos nuestra comida con lanza? ¿O dependemos sólo de lo que podamos cultivar para nuestro sustento con nuestras propias manos en huertos que situemos en nuestros jardines traseros? Lo más probable es que tampoco.

¿O quizás tenemos que encontrar maneras de volver a introducir la actividad física en nuestra vida diaria?

Este libro supone que tú, como Ericka, crees que esta última opción sería un buen comienzo. Cuando hayas terminado de leer y hayas empezado a usar un podómetro durante como mínimo seis semanas, sabrás que es una idea estupenda. Después de todo, nuestra meta es proporcionarte toda la información que necesitas para empezar un programa que se mantenga todo el año, diseñado para mejorar tu salud y niveles energéticos, adelgazar y mejorar tu forma física. Se presenta en forma de plan de seis semanas fácil de seguir e imposible de estropear. Pero es en realidad una guía para lograr un cambio permanente en el estilo de vida, no sólo seis semanas de buen comportamiento. Es un método que te garantiza orientaciones claras para añadir más actividad a tu jornada de la manera mejor y más sostenible.

Así que un buen modo de usar el libro es leer una sección por semana mientras sigues efectivamente el programa de seis semanas paso a paso. Si estás realmente como loco por ponerte ese podómetro en la cadera, lee por lo menos las 11 preguntas más frecuentes sobre caminar con podómetro (ver pág. 145), que sirve como una especie de guía rápida. Pero la lectura y la realización progresiva del programa completo de seis semanas es lo que mejor te ilustrará sobre cómo convertirlo en realidad. Puede suponer ir ocasionalmente al gimnasio o añadir de vez en cuando a tus jornadas otros ejercicios "estructurados"; o quizá consigas hacerlo exclusivamente introduciendo actividades adicionales en tus rutinas habituales. (Sin duda llevar una dieta más saludable también ayudaría, y es una meta que bien merece tu atención.) Pero está claro que con cuerpos tan bien diseñados para el movimiento diario, el primer paso, y el más sencillo, es simplemente *dar más pasos*.

Primera semana

¿Tu vida es muy activa?

Se lee acerca de ello en los periódicos y se oye en las noticias. Las agencias federales de salud dicen que podría quebrar el fondo fiduciario de Medicare[1] mucho antes de que la Seguridad Social se halle en problemas. Es posible que tu médico pueda haber tenido incluso algo que decir sobre tu contribución personal al respecto. Estamos hablando, por supuesto, de la epidemia de obesidad que padece esta nación.

Hay un constante soniquete diciéndonos que los estadounidenses estamos obesos y que cada vez pesamos más. Inevitablemente, la comida rápida, las pésimas ofertas de las máquinas expendedoras y los cada vez más hinchados tamaños de las raciones forman parte de la discusión. Pero eso es sólo la mitad de la historia. Una mitad

[1] Organismo y programa federal estadounidense de asistencia sanitaria a personas mayores de 65 años. *(N. del T.)*

importante, sin duda (basta echar una ojeada a la película *Super Size Me* —*Superengórdame*— o a los libros *Fast Food Nation* —*Fast food : el lado oscuro de la comida rápida* (Grijalbo)— o *Fat Land* —"Gordilandia"— para tener una visión apasionante y aleccionadora de la dieta estadounidense), pero hay otro factor en juego: la actividad física (concretamente, su falta).

Durante los últimos 50 años, la tecnología ha facilitado la vida y el trabajo cotidianos, pero también ha socavado casi cualquiera de las oportunidades que tenemos de estar físicamente activos. Hace sólo unas pocas décadas, la mayoría de los estadounidenses no tenían puertas de garaje con apertura automática, lavavajillas automáticos ni ordenadores y correo electrónico, y eso por no hablar de automóvil. Actualmente la mayoría de nosotros sí. En una jornada típica de hoy día, ingentes cantidades de estadounidenses caminan unos pocos pasos hasta un automóvil, se detienen a desayunar en un restaurante de una cadena de comida rápida en el que te sirven sin bajarte del vehículo, van en coche al trabajo, suben en ascensor a la oficina, se sientan en un terminal de trabajo durante ocho horas y luego invierten el proceso, quizá incluyendo, de camino a casa, una cena también en un restaurante sin bajarse del coche y la recogida de un DVD en un vídeo. Poco después, nos aparcamos delante de la televisión durante lo que resta de tarde-noche, quizá después de una vueltecita subidos en el tractor cortacésped y un viajecito sin esfuerzo hasta la lavadora-secadora automática. Todo sumado, mucho asiento. Este marcado descenso en la actividad afecta a nuestras rutinas diarias veinticuatro horas al día y siete días a la semana, y se va sumando. Como haces menos (y comes más, o incluso sólo la misma cantidad), esas

> **DICHO SEA DE PASO**
>
> En cierta ocasión Leonardo da Vinci bosquejó un diseño sencillo para un podómetro mecánico. Después los podómetros europeos usaban una cuerda atada desde el cinturón hasta la parte baja de la pierna para registrar pasos. En 1789, el relojero Abraham-Louis Breguet, suizo de nacimiento, perfeccionó un mecanismo independiente para usarlo en podómetros.

DICHO SEA DE PASO
¿Cómo funcionan los podómetros?

Si eres uno de esos tipos curiosos que no pueden resistirse a saber cómo obran su magia los chismes, sigue leyendo. Si no, quedas avisado: *atención, detalles técnicos.*

Un podómetro es un aparato del tamaño de un busca con un clip que se sujeta al cinturón o a la pretina. Se lleva en la cadera, siente el movimiento del cuerpo y mide cuántos pasos se dan. Los podómetros utilizan básicamente tres tipos de mecanismos para registrar los pasos. La mayoría de los nuevos podómetros electrónicos poseen un brazo de palanca horizontal (péndola) suspendido sobre muelles que rebota subiendo y bajando con cada paso. Este movimiento abre y cierra un circuito eléctrico, lo cual provoca que se cuente el número de pasos. Estos podómetros son más fiables que los antiguos contadores mecánicos de pasos, que utilizaban para contarlos un mecanismo de retención.

Un segundo tipo de podómetro usa un conmutador de proximidad de lengüeta magnética. Este podómetro posee una péndola horizontal, con un imán diminuto en su extremo. Cuando el imán, al desplazarse, supera un conmutador de lengüeta encerrado en vidrio, atrae a una pieza flexible de metal que hay dentro. Esto cierra el conmutador y registra un paso.

Un tercer tipo de podómetro usa un aparato que mide la aceleración, y es una buena opción si se hace una combinación de caminar y correr. Este acelerómetro determina cuánta energía se dedica a una actividad dada. Posee una varilla flexible que se parece a un trampolín con un peso en su extremo. Mientras se camina, el vástago se va flexionando ligeramente arriba y abajo, comprimiendo un cristal piezoeléctrico y produciendo una corriente eléctrica. Las corrientes se emplean para contar pasos y predecir el gasto calórico.

calorías extras no tienen ningún sitio al que ir, así que se depositan como grasa.

¿Está demostrada esta relación entre la inactividad física y el exceso de grasa? ¡Vaya que sí! Las pruebas se amontonan, y muchas de ellas se vinculan con el número de pasos que damos a diario. Algunos de los trabajos más convincentes provienen del Dr. Yoshiro Hatano, un investigador japonés que empezó a estudiar el uso del podómetro en la década de 1960. Notó que los adultos japoneses que caminaban

PASOS HACIA EL ÉXITO

No des por descontados los recuentos de un podómetro barato

McDonald's introdujo un *Stepometer* ("Pasómetro") con una ensalada y agua embotellada en una oferta promocional en mayo de 2004 que llamaron *Go Active Happy Meal* (comida feliz para ponerse activo). Puede que no sea una coincidencia que esta promoción, que duró hasta el mes de julio de ese año, se lanzase pocos días antes de la presentación de la película *Super Size Me*, una dura crítica, entretenida pero mordaz, de los menús y las prácticas de mercadotecnia de la industria de la comida rápida (ver pág. 45). El resultado positivo, sin embargo, es que el público se quitó de las manos entre 10 y 15 millones de podómetros, y muchas sucursales los agotaron antes del final de la promoción.

El Dr. Weimo Zhu, un catedrático de la Universidad de Illinois en Urbana-Champaign, fue el científico jefe en un estudio que verificó la precisión de los podómetros de McDonald's. Hicieron que los sujetos caminaran repetidamente exactamente 100 pasos con los podómetros, y descubrieron que los peores exhibían una media de pasos que iba desde 42 hasta 129; el mejor iba desde 98 hasta 120. El estudio concluía: "Debido a la falta de precisión y de coherencia en el recuento de pasos y a la mala equivalencia de los instrumentos, los *Stepometers* de McDonald's carecen de validez alguna para promover actividades físicas".

Resultados similares se han recogido con los podómetros promocionales incluidos dentro de cajas especialmente marcadas de los cereales Kellogg's. Pero el resultado de estas promociones no fue negativo del todo. Michael Wortley, un dependiente del Runner's Market (mercado del corredor) de Knoxville, Tennessee, informó de que la semana posterior al comienzo de la promoción de McDonald's, la gente empezó a entrar a la tienda a pedir un podómetro mejor para reemplazar su *Go Active Stepometer*. También los vendedores de podómetros por Internet informaron de un incremento en las ventas, probablemente debido a toda la publicidad.

Algunos expertos consideraron que el interés de las industrias de la alimentación en promocionar la actividad física era un intento de eludir la acusación de que formaban parte del problema subyacente a la crisis de obesidad. Por lo menos, el público en general parecía reconocer los beneficios de medir los pasos; desgraciadamente, se vieron frustrados por las imprecisiones de los económicos aparatos promocionales. Todo esto sirve de recordatorio de que merece la pena invertir en un podómetro preciso y de buena calidad, e incluso probarlo en la tienda antes de adquirirlo si se tiene alguna duda sobre su rendimiento.

10.000 pasos al día tenían menos depósitos grasos, en comparación con quieres andaban menos. Relaciones similares se han demostrado en los Estados Unidos. Un estudio descubrió que las mujeres que daban como mínimo 10.000 pasos al día se hallaban en el rango de peso normal, y pesaban considerablemente menos que las mujeres que daban de media entre 6.000 y 10.000 pasos al día; las mujeres que acumulaban menos de 6.000 pasos al día pesaban aún más.

Otros estudios siguen confirmando que la inactividad está relacionada con la mala salud. Recientes investigaciones dirigidas por el Dr. Lawrence Frank en la Universidad de Vancouver (Columbia Británica) descubrieron que el riesgo de obesidad se eleva un 6 por ciento con cada hora adicional por día pasada en un automóvil. Otro estudio de 2003 concluía que ver dos o más horas de televisión al día incrementa el riesgo de diabetes en más de un 10 por ciento y de obesidad en casi un 25 por ciento. Así que, claramente, una de las mejores maneras de reducir las posibilidades de obesidad grave y enfermedades crónicas relacionadas con ella es mantenerse físicamente activo y reducir el tiempo sedentario. Y como pronto verás, el podómetro es precisamente la herramienta para ayudarte a ser consciente de lo mucho que estás sentado en vez de caminando.

Dónde conseguir un podómetro

La mayoría de los minoristas de material deportivo o especializados en atletismo (como, por ejemplo, tiendas de material para corredores o para actividades al aire libre) venden podómetros, pero también pueden conseguirse en línea a través de diversas empresas que operan por Internet.

Los podómetros suelen variar de precio desde los 20 hasta los 35 euros, habiendo modelos más elaborados con mucha memoria (capaz de almacenar varios días de cantidades de pasos) que cuestan más y algunos sencillos modelos mecánicos (o analógicos) que son aún más baratos. Un contador de pasos mecánico lo más probable es que sea menos preciso en el recuento fiable de pasos y que se confunda con movimientos ajenos a los pasos (pongamos, por ejemplo, un recorrido de coche con muchos baches).

Dado que la precisión es realmente importante al contar pasos, plantéate la posibilidad de adquirir un sencillo modelo digital. Algunos podómetros calculan la distancia que se camina y las calorías consumidas, pero por regla general cuestan más y realmente no se necesitan esas características. Todo lo que se requiere es un sencillo contador de pasos digital con pantalla numérica LCD (sigla inglesa de "diodo de cristal líquido", como en la mayoría de los relojes digitales) y un solo botón para poner a cero el recuento de pasos al final de la jornada. Una empresa japonesa llamada Yamax fabrica los Digi-Walkers —vendidos en los Estados Unidos con diversos nombres de marca— que se encuentran entre los más precisos en pruebas de investigación; tienen una versión que sólo cuenta los pasos por un precio de venta al público de unos 28 euros.

También busca que tenga un clip realmente sólido para el cinturón —no uno endeble que se afloje y se caiga con facilidad y deje que el

PASOS HACIA EL ÉXITO
Lectura de un podómetro con esfera

Un estilo de podómetro analógico (mecánico) menos caro pero fácil de usar —que a menudo se vende al por mayor por unos 7 a 12 euros la unidad, y se emplea en programas promocionales de la actividad física en el lugar de trabajo o con vistas al cuidado de la salud— tiene una esfera de reloj con una manecilla larga y otra corta, y en ella dígitos que van desde el 1 hasta el 10. Para una lectura desde cero hay que apuntar ambas manecillas al 10 al empezar. Al recorrer la manecilla larga la esfera como en un reloj, cuenta los cientos de pasos (como si fuesen minutos), mientras la corta se mueve a un décimo de esa velocidad y cuenta miles de pasos (como si fuesen horas). Si tu meta son 10.000 pasos al día, la tarea es bien sencilla: conseguir simplemente que la manecilla corta dé una sola vuelta a la esfera.

En totales menores, es fácil leer dónde te encuentras. Mira primero la manecilla corta, y calcula en qué millar estás, y luego obtén los cientos y decenas mediante la manecilla larga.

¿Puedes leer el total de pasos en este podómetro de esfera de reloj? Si has dicho 8.280, has acertado.

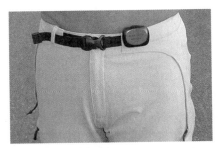

Para llevar correctamente el podómetro, alinéalo con la rodilla.

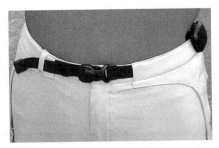

Este podómetro está demasiado alejado hacia el costado.

Asegúrate de que el podómetro no se gire así.

Para leer el recuento de pasos, abre simplemente la caja del podómetro.

podómetro termine en la taza del váter (créenos: sucede muy a menudo)—. Aún mejor: consigue uno con un cordoncillo de seguridad que puedas pasar por una hebilla del cinturón o sujetarte a la pretina. Los fabricantes mejoran regularmente sus modelos o introducen otros nuevos, por lo cual no podemos recomendar una mejor opción definitiva.

Cómo llevar el podómetro

Lleva el podómetro en la parte anterior de la cintura, alineado con la rodilla de ese lado. No en el centro, debajo del ombligo, ni tampoco apartado hacia el costado, donde los vaqueros llevan la pistolera. Póntelo en la parte anterior del cuerpo, pero ligeramente apartado hacia un costado; qué costado, es cosa tuya.

Asegúrate de que el podómetro se mantenga nivelado, y se halle plano, bien pegado al cuerpo: no debe estar girado hacia la izquierda o la derecha, ni inclinado hacia delante o atrás. Esto puede ser un problema para las personas de talle alto o que llevan los pantalones muy subidos, o cuyo vientre sea lo bastante prominente para inclinar el podómetro hacia delante. (Una posible solución: si tienes más de 20 kilos de sobrepeso, podrías usar los podómetros New Lifestyles NL Series u Omron HJ-112, que funcionan incluso inclinados.)

Pon a cero el podómetro, y sencillamente camina un poco arriba y abajo mientras cuentas realmente los pasos dados por ambos pies. Después de haber contado 50 pasos o más, comprueba el podómetro y observa si coincide con tu recuento. Si el podómetro y tú no diferís en más de cinco pasos, vas "encaminado". (No pasa nada si no es exactamente igual que tu recuento. El podómetro puede haber registrado un paso extra al cerrar tú la tapa, o pasar por alto un pasito arrastrando el pie que tú sí hayas contado.) No obstante, si descubres un error superior al 10 por ciento, vuelve a comprobarlo. Si el error es recurrente, devuelve el podómetro y consíguete otro.

Los pasos cuentan

Incluso un número discreto de pasos distribuidos a lo largo de la jornada o de la semana puede influir en el resultado. Para ilustrarlo, imagina que tu peso haya permanecido estable, pero, debido a un cambio de empleo, hayas tenido que eliminar tu paseo de ida y vuelta de 20 minutos a la parada del autobús, cinco días a la semana. Perderías aproximadamente 800 metros o unos 1.000 pasos cada mañana y cada tarde, de lunes a viernes. Durante un año, si no cambiaras nada más (o sea, si no cambiases lo que comes, o no incrementaras ni redujeras, aparte de eso, tu nivel de ejercicio) ganarías un kilo o kilo y medio. No llega a dos kilos en un año; no parece mucho, ¿verdad? Pero si lo haces durante 10 o 15 años seguidos, pesarás 15 kilos de más: suficiente para que una persona de altura media sea considerada clínicamente obesa. Es más, los estadounidenses ganan de media un kilo cada año de la edad adulta: un ritmo que puede explicarse claramente por una reducción muy pequeña pero sistemática en los pasos dados diariamente con el transcurso del tiempo.

La cuestión es que tienes que ser consciente de estos cambios aparentemente inofensivos en la actividad: se acumulan, y afectan de verdad a tu circunferencia de cintura. Y no sólo a la cintura: las personas que son insuficientemente activas se hallan en un elevado riesgo de una lista inquietantemente larga de dolencias, desde la diabetes y la enfermedad cardiovascular hasta la osteoporosis, la depresión y una creciente lista de cánceres. Por sorprendente que parezca, perder pasos a diario podría provocar la pérdida de varios años de vida.

Ésas son las malas noticias. Las buenas son sencillas: un podómetro puede ayudarte a supervisar incluso pequeños cambios en los niveles de actividad, puede alertarte cuando necesites acomodarte a

 ÉXITOS DEL PODÓMETRO

Thomas Jefferson: un caminante que se adelantó a su época

Cuando no estaba ocupado estableciendo la nueva democracia estadounidense o redactando la Declaración de Independencia, Thomas Jefferson se encontraba de caminata. "El tónico sublime del cuerpo es el ejercicio, y de todos los ejercicios el mejor es caminar", escribió a su futuro yerno en 1786. Se convertiría en ídolo de los expertos en salud de todo el mundo por su afirmación de que "deben dedicarse como mínimo dos horas diarias al ejercicio, sin hacer caso del tiempo que haga...".

Jefferson era también firme partidario de los podómetros, y a menudo se le atribuye indebidamente su invención. En realidad, compró el suyo en Francia, donde visitaba monumentos andando por todo París, registrando cuidadosamente en una libreta el número de pasos que daba. Acostumbrado a caminar durante todo el año, notó que recorrer una milla en verano requería 2.066,5 pasos, mientras que "caminar a paso ligero en invierno" reducía el total a 1.735. Está claro que no dejaba que le detuviera el tiempo frío; Jefferson apretaba simplemente el paso (y alargaba también las zancadas, resultado natural de andar más rápido). De hecho, no es ésta una mala sugerencia para nosotros.

ÉXITOS DEL PODÓMETRO
Lee se emociona más de la cuenta demasiado pronto

Mientras filmábamos la serie de la PBS *America's Walking*, entregamos podómetros a una serie de personas para registrar sus experiencias. Sus instrucciones estaban claras, y eran idénticas a este programa: "Lleve el podómetro a diario durante toda la jornada y registre los pasos que dé. Durante la primera semana, no cambie su vida en absoluto *ni emprenda ningún ejercicio adicional*. Luego, después de conseguir una medida de la base de referencia de sus niveles de actividad, fíjese algunas metas y comience a trabajar para incrementar sus pasos diarios. Con el tiempo, trate de alcanzar o de superar la meta de 10.000 pasos al día".

Una de las voluntarias, Lee Vickers, de Scituate, Massachusetts, estaba realmente encantada de estar en el programa, y deseando averiguar cómo introducir más actividad en sus jornadas. Había fundado una nueva empresa el año anterior, encontrado dificilísimo salir a hacer ejercicio regularmente y visto que el peso se le empezaba a disparar. Pero como muchas personas, había oído la recomendación de que caminar como mínimo 10.000 pasos al día mejoraría sus perspectivas de salud a largo plazo y la ayudaría con el control del peso. De hecho, estaba tan emocionada de tener su nuevo podómetro que la vimos salir a dar un paseo a las 6 de la mañana el miércoles, el tercer día del programa.

Ahora bien, aunque entendimos su entusiasmo, eso era exactamente lo que no había que hacer. Veamos por qué: podía darle una falsa idea de sus típicos niveles de actividad, y luego provocar que se fijara irrazonablemente altas sus futuras metas de pasos. Es importante que tu primera semana sea realmente lo más representativa posible de tu vida normal. Si normalmente holgazaneas por casa y los deportes los ves en la tele los fines de semana, entonces haz eso esta semana; si normalmente inviertes horas practicando la jardinería, trabaja entonces en el jardín. Si normalmente te levantas y te das un paseo a las 6 de la mañana, sigue haciéndolo; pero si normalmente duermes hasta las 7.30, atente a esa rutina.

Para Lee, lo importante era que descubriera lo ocupada, pero no necesariamente activa, que estaba debido a su nuevo negocio. Así que no cometas el mismo error: durante la primera semana, olvídate por completo de que llevas puesto el podómetro, y de tus verdaderos niveles actuales de actividad.

ellos, y puede resultar un instrumento de motivación maravillosamente eficaz. Pero primero tienes que medir tu actual base de referencia de actividad física.

Paciencia, Pequeño Saltamontes. Encuentra primero tu base de referencia

Para usar tu podómetro del modo más eficaz, recomendamos un poquito de paciencia: exactamente una semana. Cuando conoces tu nivel inicial de actividad, tu podómetro se vuelve un valioso motivador mientras sigues la pista a tus progresos e incrementas gradualmente el número de pasos que das cada día. Así que antes de que te convenzamos de los beneficios de añadir más pasos a tus días, echemos una ojeada al modo en que debes usar el podómetro durante la primera semana. Al final de esta sección encontrarás instrucciones detalladas y un diario de registro. Cada sección posterior del libro trata otra semana de uso del podómetro.

La meta de la primera semana es conseguir una medida de la base de referencia de tu nivel de actividad física. En pocas palabras: lleva tu podómetro todo el día, día tras día durante una semana entera. (¿Por qué toda una semana en vez de sólo unos pocos días? Porque los niveles de actividad pueden variar mucho de un día a otro dependiendo del trabajo y la diversión, de los días laborables frente a los fines de semana, e incluso el tiempo atmosférico.)

Esto es importante: Durante esta medición de la base de referencia, trata de no cambiar tu rutina normal en absoluto; ni incrementes ni reduzcas tu típica actividad diaria. Ésta no es la semana adecuada para contratar a un entrenador personal ni para inscribirte en un club de salud. De hecho, no pienses para nada en el podómetro: simplemente póntelo nada más levantarte por la mañana y quítatelo por la noche. Llévalo para todo lo que hagas excepto cuando te sumerjas en agua o te desnudes. (No nos meteremos en los retos del uso del podómetro mientras se está desnudo.) Sólo mira el recuento de pasos una vez al día: cuando te quites el podómetro a la hora de acostarte, y tomes nota de tu total de pasos de la jornada. Luego pon a cero el podóme-

DICHO SEA DE PASO

¿Cuántos pasos dan los estadounidenses?

No sabemos seguro cuántos pasos al día dan los estadounidenses de media, aunque cada vez interese más a investigadores y a las agencias gubernamentales de salud. Mientras tanto, las siguientes cantidades de un estudio realizado en Colorado sobre una muestra de 1.000 adultos nos dan una idea:

- El 33 por ciento da menos de 5.000 pasos al día.
- El 29 por ciento da entre 5.001 y 7.500 pasos al día.
- El 22 por ciento da entre 7.501 y 10.000 pasos al día.
- El 16 por ciento da más de 10.000 pasos al día.

Así pues, más de la mitad de los coloradinos dan de media entre 5.000 y 10.000 pasos al día. Y puesto que los datos de los Centros de Control de Enfermedades de EE. UU. muestran que los residentes en Colorado se encuentran entre los más activos de esa nación, cabe suponer justificadamente que muchos de nosotros estamos a la zaga respecto a estos niveles.

tro para el día siguiente y acuéstate. Ya te haces idea: llévalo a diario, y por ahora no pienses en los pasos que estás dando.

La diferencia, a veces escandalosa, entre *ocupado* y *activo*

Nuestros días están tan atestados que describirlos como "ocupados" es quedarse cortos. Pero aunque a la hora de acostarte puedas sentirte como si hubieras corrido una maratón, lo más probable es que en realidad hayas hecho muy poca actividad física auténtica. Piensa en ello. Si tienes un trabajo de oficina —incluso a tiempo parcial— y te pasas el resto de la jornada preparando comidas, llevando y trayendo a los niños, y supervisando la colada, los baños y las horas de irse a la cama, o corriendo de acá para allá para llegar a reuniones y obligaciones sociales y cívicas, sigues sentado durante la mayor parte del día. Por frustrante que pueda resultar, pocas de las cosas que consumen nuestro tiempo en la vida moderna tienen algo que ver con estar físicamente activos. Nuestro agotamiento se relaciona más con el ritmo frenético de nuestra vida que con verdadero ejercicio.

El reto, pues, es encontrar maneras de añadir actividad física a tu rutina diaria sin cargar más tu apretada agenda. Puede hacerse. En primer lugar, has de saber que puedes contar muchas cosas que podrías no reconocer actualmente como ejercicio. Por regla general, cuentan las actividades que exigen movimientos considerables y frecuentes de los principales grupos musculares —piernas, tronco, brazos, hombros—. Para ilustrarlo, he aquí una rápida ojeada a actividades que sí y no pueden considerarse de ese modo:

La diferencia entre ocupado y activo

Te mantiene *ocupado*	Te mantiene *activo*
Ir en coche a cuatro centros comerciales para hacer cuatro recados.	Ir andando a cuatro tiendas del centro para hacer cuatro recados distintos.
Cambiar un pañal, leer un cuento a tu hijo, darle de comer.	Jugar al corre que te pillo, dar un paseo, bailar con tu hijo un baile infantil (tipo *Date en la mochita, date, date, date...*).
Responder 16 mensajes de correo electrónico.	Subir seis tramos de escaleras para hablar con alguien en persona.
Permanecer sentado en un atasco de tráfico.	Ir en bicicleta en vez de en coche.
Pagar facturas.	Recoger el salón, quitarle el polvo y pasarle la aspiradora. Rápido.
Llevar a los chicos en coche a fútbol, al dentista y a clase de música.	Ejercicios de carrera e ir a recoger el balón durante el entrenamiento de fútbol.
Preparar comidas; lavar platos.	Quitar las malas hierbas en el jardín; lavar el coche.

Como es lógico, lo que contribuye a la actividad verdadera (la columna derecha de la tabla) incrementará tu total de pasos diario;

ÉXITOS DEL PODÓMETRO
Joe se entera de lo (poco) activo que es

Joe es un amigo nuestro que se ganaba la vida conduciendo una limusina en la zona de Boston. De niño y de joven le habían encantado los deportes y había llevado una vida muy activa, pero descubrió que conducir había añadido unos pocos kilos a su cuerpo antes en forma. A pesar de eso, se rió al enterarse de que las investigaciones habían demostrado que muchas personas, especialmente trabajadores administrativos y quienes vivían en zonas residenciales concebidas en función del automóvil, daban menos de 5.000 o ni tan siquiera 3.000 pasos al día. No exactamente con estas palabras, pero se preguntó cómo alguien que siguiera con vida podía ser tan sedentario. Y estaba seguro de dar al menos 5.000 pasos al día, aunque sólo fuera retozando con sus hijos por las tardes.

Así que le dimos un podómetro y le pedimos que no cambiase su vida en absoluto, sino que sólo contase sus pasos en algunos días laborables típicos.

Decir que se sorprendió no hace justicia a la palabra. Un día especialmente notable con muchas "carreras" con la limusina, descubrió que sólo había dado 1.800 pasos, ¡que es aproximadamente kilómetro y medio caminando! Joe se quedó estupefacto: ¿cómo era posible que estuviera tan ocupado, terminase la jornada tan completamente hecho polvo, y sin embargo hubiese realizado tan poca actividad física? Y sin duda su trabajo (el estrés de conducir en el tráfico de Boston, llamadas urgentes y a veces clientes frenéticos) es agotador. Pero horas en el asiento del coche implicaban muy poco tiempo de verdadera actividad física.

¿La solución de Joe? Bueno, actualmente ha cambiado de trabajo, pero descubrió que un paso intermedio era simplemente salir del coche y caminar siempre que estuviera esperando a un cliente o una llamada. Su móvil le mantenía en contacto con la persona que le daba los encargos, e incluso empezó a hacerse una lista de lugares favoritos para esperar llamadas, como el sendero a orillas del río en Boston Este, cerca del Aeropuerto Logan. Al final, decidió que el empleo era demasiado sedentario para su salud... y nos gustaría pensar que el podómetro ayudó a alentarle a buscarse una carrera laboral más activa.

lo que sólo te mantiene ocupado puede agotarte y dejarte exhausto, pero no añade muchos pasos a tu jornada. Eso es lo bueno de un podómetro: te dice cuándo un día ocupado da la impresión de ser activo, sin serlo en realidad.

El siguiente paso consiste en encontrar maneras de sacar tiempo para la actividad física, y existen tantos modos de afrontar esto como personas hay en el mundo. Van desde cambios en lo rutinario (como, por ejemplo, utilizar el cuarto de baño del piso de arriba en el trabajo o en el colegio) hasta cambiar de vida, como mudarse a una comunidad donde el entorno físico estimule a ir andando al colegio, las tiendas y el trabajo. Pero primero hay que hacer unos cuantos cambios mentales y reconocer la actividad física como algo que tiene valor por sí mismo y no simplemente como medio para poder ponerte tus vaqueros favoritos.

La actividad física es en sí su propia recompensa

Cuando piensas en el *ejercicio*, ¿estás en realidad pensando en el *control del peso*? No eres el único. Y aunque la obesidad no sea un problema pequeño en Estados Unidos, los beneficios de la actividad física superan con creces la pérdida de peso. Además de mejorar el aspecto y prevenir esos kilos que se introducen subrepticiamente, cabe esperar estas recompensas con el ejercicio regular moderado:

- Más energía.
- Menos estrés, depresión o ansiedad.
- Menos grasa corporal.
- Incremento del colesterol HDL (lipoproteínas de alta densidad, el bueno)
- Reducción en la tensión arterial.
- Sueño más profundo.
- Mejoras en las defensas inmunitarias.
- Niveles más saludables de glucosa en sangre.
- Reducción en el riesgo de enfermedades crónicas, desde osteoporosis hasta cáncer.

Por si eso no fuera suficiente, no escasean las pruebas de que incluso paseos y caminatas modestos pueden incrementar la longevidad. Caminar se ha asociado a una reducción en fallecimientos por enfer-

medad cardiaca coronaria (ECC) tanto en hombres como en mujeres. Durante la década de 1990, el Programa Cardiaco de Honolulu (Hawai) examinó a 2.900 jubilados de ascendencia japonesa durante un período de siete años. En ese estudio, los hombres que informaron de caminar como mínimo 2,4 kilómetros al día presentaban tan sólo la mitad de probabilidades de fallecer por infarto de miocardio, comparados con sus coetáneos menos activos. Las tasas de cáncer eran también menores entre los hombres más activos.

Resultados casi igual de impresionantes han sido observados en estudios a gran escala de mujeres. En 1999, el célebre Estudio sobre la Salud de las Enfermeras[2] descubrió que las mujeres que caminaban más de tres horas a la semana a paso ligero presentaban una reducción de un 35 por ciento en el riesgo de infarto de miocardio. Más recientemente, la Dra. I-Min Lee

DICHO SEA DE PASO

Una nueva herramienta para frenar la tensión arterial alta

Un estudio realizado en la Universidad de Tennessee descubrió que un programa de caminar basado en el uso del podómetro puede ayudarte a controlar la tensión arterial. La Dra. Dixie Thompson y sus estudiantes de postgrado hicieron que mujeres sedentarias con tensión arterial moderadamente alta caminaran más de lo habitual; de media aumentaron de 5.400 a 9.700 pasos al día. Durante seis meses, el grupo mostró una reducción de 11 puntos en sus lecturas de tensión arterial sistólica en reposo. Aunque no se dieron instrucciones sobre dieta, las mujeres también perdieron una media de kilo y medio. No se observó ninguno de estos cambios en el grupo de control, al que no se dieron instrucciones para incrementar el número de pasos diarios.

---

[2] Investigación a largo plazo que lleva a cabo la Facultad de Medicina de la Universidad de Harvard sobre una muestra de casi 90.000 enfermeras. (*N. del T.*)

PASOS HACIA EL ÉXITO

El empleo perfecto para apretar el paso

La investigadora Maria Sequeira estudió a ciudadanos suizos para conseguir una instantánea de los recuentos de pasos medios en diversas profesiones y ocupaciones en una jornada de ocho horas. No te sorprendas si tus totales son sustancialmente más elevados o más reducidos que los típicos de tu profesión. Observando diversos datos, queda claro que puede haber una increíble variación. Por ejemplo, en un estudio, algunas amas de casa daban 3.000 pasos en 24 horas, mientras que otras daban 11.000. No es difícil ver que esto puede ocurrir en diversas ocupaciones. Una enfermera, por ejemplo, podría trabajar sentada a una mesa manejando un centro de llamadas, mientras que otra podría tener que pasarse el día de pie, "volando" de habitación en habitación. El asunto es que los datos dan una idea general del amplio rango de actividad entre distintas ocupaciones, e ilustra la poca actividad que proporcionan los empleos sedentarios. También indica que merece mucho la pena usar podómetro para hacerse idea de tus niveles de actividad durante una típica jornada laboral de ocho horas.

- Obrero de fábrica y cadena de montaje, 960 pasos de media.
- Telefonista, 2.400 pasos de media.
- Peluquero de señoras, 3.280 pasos de media.
- Pintor, 7.120 pasos de media.
- Peón de albañil, 10.560 pasos de media.
- Mensajero, 13.280 pasos de media.
- Camarero de restaurante, 16.160 pasos de media.

Da la impresión de que, si eres capaz de soportar el ritmo frenético, servir mesas sería un modo seguro de acumular montones de pasos diarios y de gozar de buena salud (a menos que los postres del chef se convirtieran en una tentación...).

y sus colegas de la Universidad de Harvard descubrieron que incluso saliendo de casa a caminar durante al menos una hora a la semana —una media de menos de 10 minutos al día— las mujeres observaban una reducción moderada en el riesgo de enfermedad cardiaca. Los beneficios eran iguales se caminara al paso que se caminara.

Tantos estudios han conectado el ser físicamente activo con una reducción en el riesgo de cáncer, que la Sociedad Estadounidense del Cáncer enumera "un estilo de vida sedentario" como factor de riesgo para el cáncer justo al lado de fumar. De hecho, un panel de expertos de la Agencia Internacional de Investigación sobre el Cáncer (de la Organización Mundial de la Salud) calcula de un 20 a un 40 por ciento de reducción en el riesgo de cáncer de mama para las mujeres más activas físicamente. Un reciente informe sobre mujeres que ya habían sido *diagnosticadas* con esa enfermedad incluso dio como resultado hasta un 50 por ciento de reducción en el riesgo de fallecimientos para quienes caminaban de tres a cinco horas a la semana a ritmo moderado, comparadas con mujeres menos activas. Así que añadir más pasos puede ser útil tanto para prevenir como para combatir la enfermedad.

A pesar de la impresionante pila de pruebas que muestran que caminar puede ayudarte a llevar una vida más sana y más larga, probablemente será lo menos tangible lo que te enganche una vez que

DICHO SEA DE PASO

La edad sí que importa

La investigadora estadounidense Catrine Tudor-Locke informa en su delicioso folleto *Manpo-Kei: The Art and Science of Step Counting* ("Manpo-Kei: el arte y ciencia del recuento de pasos") que los totales típicos de pasos diarios suelen diferir dependiendo de la edad. De nuevo, se trata tan sólo de límites medios, y es muy posible que caigas fuera de ellos.

- Niños de 8 a 10 años de edad: 12.000 a 16.000 pasos al día.
- Adultos jóvenes sanos (de 20 a 40 años de edad): 7.000 a 13.000 pasos al día.
- Adultos mayores sanos (de 50 a 70 años de edad): 6.000 a 8.500 pasos al día.
- Adultos que viven con enfermedades crónicas o minusvalías: 3.500 a 5.500 pasos al día.

Dicho esto, nuestra experiencia es que estamos observando cantidades crecientes de estadounidenses con totales situados en el extremo inferior o mucho menos aún que estos límites "típicos", ¡así que es probable que las medias por grupos estén despeñándose incluso mientras lees esto!

empieces: la calidad de vida. Lo primero que a menudo mencionan los caminantes —aunque caminando se hayan quitado 45 kilos, o se hayan apartado a base de andar de graves amenazas para su salud— es lo contentos que se sienten consigo mismos. Los caminantes informan con frecuencia de las buenas vibraciones de la reducción de estrés, la mejora del humor y la confianza en sí mismos, y una sensación de controlar ellos mismos la situación. Hablan de cómo el tiempo que dedican a caminar es esencial para mantener una sensación de equilibrio en su vida. Algunos emplean este tiempo para planificar, relajarse, alternar con algún amigo, o simplemente apartarse de todo. Y ya se conviertan en fervientes senderistas o practicantes de la marcha atlética o bien sigan con un régimen de 10.000 pasos al día, la clave es que crean en sí mismos como personas activas y capaces. Puedes empezar poniéndote ese podómetro para quemar más calorías, pero probablemente querrás seguir con él por el factor de sentirte bien que acompaña a la práctica de la actividad física.

Programa de la primera semana

La rutina para este programa es sencilla, y todas las instrucciones que necesitas las recibes el mismísimo primer día. Helas aquí:

- Lleva el podómetro a diario, desde que te levantes por la mañana hasta que te acuestes por la noche, excepto cuando te metas en el agua.
- Llévalo delante de la cintura y alineado con una de las rodillas. No lo lleves en el centro debajo del ombligo, ni muy apartado lateralmente, cerca del hueso coxal, sino más bien en la cara anterior del tronco, ligeramente hacia un lado.
- Asegúrate de que el podómetro se halle de frente y nivelado: no debe estar girado ni a la derecha ni a la izquierda, ni tampoco inclinado hacia delante o hacia atrás. Esto podría representar un problema para quien sea de talle alto o lleve los pantalones muy subidos, o cuyo vientre incline el podómetro hacia delante.
- Ponte el podómetro nada más levantarte por la mañana, llévalo todo el día y quítatelo por la noche al acostarte. Cuando te lo quites,

lee el número total de pasos de la jornada, toma nota de la cantidad (puedes utilizar el diario de pasos que te ofrecemos en la pág. 42), y después pon el podómetro a cero a fin de estar listo para el día siguiente.

- Al apuntar el total de pasos de la jornada, toma también una breve nota de cualquier cosa fuera de lo normal que pueda haber afectado especialmente a tu total de pasos. Sin entrar en detalles: apunta tan sólo lo que haya hecho que los pasos se incrementen ("avería del coche, fui caminando al trabajo" o "excursión de estudio con el niño") o se reduzcan ("enfermo, me quedé en casa").

- Al final de los siete días, suma los recuentos diarios, divide el total por 7 y tendrás la media de pasos diarios de la semana.

Recuerda: Si no estás seguro de que el podómetro esté funcionando correctamente, haz esta sencilla prueba. Pon el podómetro a cero, y camina simplemente un poco de acá para allá mientras cuentas mentalmente los pasos de ambos pies. Después de haber contado 50 pasos o más, comprueba el podómetro y observa si coincide con tu recuento. Si el podómetro y tú diferís en menos de cinco pasos, es que está bien. (No pasa nada si no es exactamente igual que tu recuento. El podómetro puede haber registrado un paso extra al cerrar tú la tapa, o pasar por alto un pasito arrastrando el pie que tú sí hayas contado.)

Por último, tienes instrucciones especiales sólo para esta primera semana del programa, lo cual se basa en el hecho de que quieres conocer tu nivel de actividad de partida, una medida de cuántos pasos das en la vida diaria normal. No mires la lectura del podómetro durante el día. No lo abras, ni siquiera pienses en él. Si no hay tapa con bisagras, cubre la lectura con cinta adhesiva negra. Simplemente olvídate de que tienes puesto el podómetro, hasta que te lo quites al final de la jornada para tomar nota del total. Desde luego, haz ejercicio si lo haces normalmente, pero esta semana no *añadas* ningún ejercicio a tu rutina: eso podría darte una falsa idea de tus niveles regulares de actividad.

Diario de pasos de la primera semana

Número de pasos	¿Algo especial hoy?
Lunes	
Martes	
Miércoles	
Jueves	
Viernes	
Sábado	
Domingo	
Total Semanal	

Media diaria: _____

(total de pasos semanales dividido por 7)

Meta diaria para la semana próxima: _____

(media diaria x 1,2, para aumentar un 20 %)

Segunda semana

Encontrar ocasiones para caminar en la vida diaria

Como si no lo supieras: nuestro primer consejo es la clave de por qué los podómetros son tan fantásticos. Tu meta esta semana es empezar por muy poco, realmente muy poco. Tan poco, que estés absolutamente seguro de conseguirlo. Tu objetivo es incrementar tu media de pasos diarios durante la primera semana sólo en un 20 por ciento. No trates de alcanzar la Luna, no pruebes lo gran atleta que eres (o fuiste una vez). Encuentra tan sólo suficientes minutos para caminar a diario hasta lograr una media de un 20 por ciento más de pasos al día esta semana de los que diste en la pasada. Y ten fe en que vamos a guiarte por un camino que va a llevarte a donde quieres ir: salud excelente, pérdida de peso, mucha más energía, y una nueva carrera como modelo apareciendo en muchas portadas de revista.

De acuerdo, quizá la carrera de modelo no, pero, por ahora, atente al incremento del 20 por ciento en tu número de pasos, y te prometemos que los otros tres beneficios sí llegarán.

Añade pasos casi sin esfuerzo

Introduciendo unos pocos cambios sutiles en la rutina diaria, es fácil convertir la inactividad en actividad, e incrementar significativamente el número total de pasos que se dan cada día. Es fácil cubrir 100 pasos en un minuto de actividad continua. Pero si se camina con determinación —como tratando de llegar a algún sitio rápidamente—, se añadirán de 120 a 130 pasos por minuto o más. Esos minutos se van sumando, y la oportunidad de emplearlos se presenta constantemente. El truco es aprovecharlos durante todo el día.

La Dra. Andrea Dunn, ex investigadora del Instituto Cooper de Investigación Aeróbica y entusiasta del podómetro, tenía una interesante opinión sobre esto. Una recomendación que solía dar a los participantes en sus programas era reducir el tiempo sedentario durante la jornada, porque cualquier alternativa a conducir, ver la televisión o hablar por teléfono es probable que genere más pasos y sea más saludable. Descubrió que esta estrategia ayudaba a muchas personas a volverse y mantenerse más activas, porque encontraban más fácil reducir el tiempo sedentario que tratar de sacar un período continuado de tiempo para hacer ejercicio. Según Dunn, esta estrategia de sustitución puede multiplicar por 10 tus probabilidades de éxito.

Para hacerse idea del método de la "sustitución", he aquí ocho maneras sencillas de acumular más pasos en tu podómetro cada día (encontrarás otras a lo largo del libro):

1. Contrata un apartado postal, y ve andando a la oficina de correos para recoger tus cartas.
2. Para almorzar, opta por ir caminando a una cafetería o un restaurante más apartado que el habitual. Si compras la comida para llevar, vete andando a un parque o centro comercial y come allí.
3. Ve andando a una tienda o un supermercado a comprarte el periódico, el pan y la leche, aunque cueste un poco más que en el centro comercial al que has de ir en coche.
4. Ponte de acuerdo con un amigo o amiga para compartir el coche y ofrécele caminar todo o parte del camino hasta su casa.

ÉXITOS DEL PODÓMETRO

¿Esto se debe a las patatas fritas gigantes, o a lo poco que ando?

Ésta es la pregunta que la mayoría de la gente *no* se hace cuando ven el maravilloso documental *Super Size Me,* dirigido y protagonizado por Morgan Spurlock. ¡Pero deberían! Este diario agudo, interesante y terriblemente educativo del experimento de Spurlock consistente en comer *únicamente* alimentos de McDonald's durante 30 días es una mordaz censura de la industria de la comida rápida en Estados Unidos. Su alarmante ganancia de peso de 12 kilos en tan sólo 30 días es sólo ligeramente menos aterradora que el hecho de que sus médicos dijeran que su hígado se hallaba cerca del colapso a fines del mes, sometido como estaba a la presión de tratar de procesar su dieta hipergrasa e hiperdulce.

Desgraciadamente, aunque a menudo se pasen por alto, igual de convincentes son los resultados de un breve (y queremos decir breve) cameo del coautor Mark Fenton, que se encuentra con Spurlock ante la cámara para hacerle entrega de un podómetro y sugerirle un máximo diario de sólo 5.000 pasos. Mark en realidad habló extensamente con Spurlock, que vivía en un edificio de tres plantas sin ascensor en la ciudad de Nueva York y normalmente sumaba 12.000 pasos al día. Decidieron que si el estilo de vida de Morgan tenía que imitar verdaderamente la desastrosa combinación de dieta de comida rápida y vida en una zona periférica residencial orientada al uso del automóvil, él debía forzarse a mantener su total de pasos más cerca de los 5.000 al día.

En la película, Spurlock señala que las carreras de taxi por sí solas pueden agotar su presupuesto, pues a menudo tiene que dejar conscientemente de caminar a mediodía en la eminentemente peatonal ciudad de Nueva York. Pero durante su visita a la automovilizada San Antonio (Texas), muestra que su podómetro llega a un máximo de poco más de 4.000 pasos al final de la jornada. (Como es lógico, existen muchas investigaciones que sostienen esta desalentadora anécdota: el sitio en que vives parece tener mucho que ver con el número de pasos que das.) Y aunque sea imposible exagerar los adversos efectos de su dieta exclusiva de comida rápida, no hay duda de que restringir sus pasos diarios sólo empeoraba un equilibrio calórico ya poco saludable, y reducía enormemente la capacidad de su organismo para manejar la carga adicional.

Las buenas noticias: después de su experimento —y de un premio al mejor director en el Festival Cinematográfico de Sundance y una nominación para un Oscar de la Academia— a base de comer bien y hacer ejercicio Spurlock recuperó plenamente su salud. Sin embargo, reconoce que le llevó casi un año entero de esfuerzo. Quizá su próxima película sea *Super Step Me*!

5. Evita el correo electrónico —al menos ocasionalmente— y lleva en mano los mensajes a los compañeros de trabajo.

6. Lleva paseando a los niños al colegio, a la casa de un amigo o a la biblioteca en vez de llevarlos en coche. (Ellos también se benefician.)

7. Deja el coche a propósito en el extremo más alejado del aparcamiento en el centro comercial, los multicines, el supermercado o el edificio de la oficina.

8. Date un paseo rápido en vez de sentarte a almorzar un tentempié a media mañana.

Ten presente que es normal que los recuentos de pasos oscilen en cierta medida. Por ejemplo, tu total será bajo un domingo en que te relajes viendo un partido de fútbol después de una semana de locos. Pero el domingo siguiente, es posible que lleves a la familia de excursión y superes tu propia marca.

Pequeños pasos para la pérdida de peso

¿Añadir pasos puede realmente ayudarte a adelgazar? Claro que sí. Digamos que tu peso es actualmente estable —ni en incremento ni en reducción— pero te parece que tienes un sobrepeso de cinco kilos. Manteniendo tus actividades y dieta actuales y añadiendo 2.000 pasos al día (unos 11 kilómetros, o grosso modo 700 calorías, a la semana), podrías perder hasta medio kilo cada cinco semanas. Eso equivale nada menos que a cinco kilos en un año. Aunque este ritmo pueda parecer de tortuga, recuerda que el peso llegó lentamente y que, si quieres perderlo para siempre, debería desaparecer también de ese modo. Después de todo, el estadounidense típico gana de medio a un kilo

PASOS HACIA EL ÉXITO

Asegúrate de estar midiendo verdaderos pasos

En algunos casos, los podómetros pueden contar pasos de más. Esto puede suceder cuando el aparato es zarandeado o sometido a empellones, como, por ejemplo, al montar en coche. Barbara Ainsworth, jefa del Departamento de Ciencias del Ejercicio y la Nutrición en la San Diego State University, descubrió una manera para evitarlo cuando estaba estudiando a indias americanas. Ainsworth apreció recuentos de pasos insólitamente altos en mujeres que pasaban mucho tiempo montando a caballo o conduciendo camionetas por carreteras sin asfaltar llenas de baches. Para evitar que los podómetros contasen cuando no debían, hizo simplemente que abrieran la tapa del podómetro (mientras aún lo llevaban puesto), para que el podómetro pudiera quedar plano al viajar en coche o camioneta. (Si tu podómetro no lleva tapa, simplemente quítatelo y colócalo plano sobre el asiento del coche.) Así el aparato no capta los movimientos del vehículo.

Si pasas mucho tiempo en el coche, también puedes hacer lo mismo. Por supuesto, en viajes cortos, los pasos adicionales no falsearán mucho tu total y probablemente no valga la pena preocuparse por ello. Y si tienes alguna duda, basta con que compruebes tu podómetro antes y después de un recorrido y notes si ha acumulado muchos pasos. A menos que estés haciendo motocross o conduciendo por terreno accidentado, probablemente carezca de importancia.

al año durante la mayor parte de los años de la vida adulta: simplemente invertir esa tendencia hasta una modesta pérdida anual sería un gran éxito.

La prueba se halla en los resultados a largo plazo. Estudiando datos de un gran número de personas que habían perdido 27 kilos y se mantuvieron en ese peso durante cinco años, investigadores del Registro Nacional de Control de Peso de EE. UU. han demostrado el éxito de caminar más. En términos generales, quienes tuvieron éxito siguieron una dieta baja en calorías y en grasas (1.380 calorías al día, 20 por ciento de grasa: restricción calórica que es mejor hacer bajo la supervisión de un médico o un nutricionista) y consumieron

400 calorías al día haciendo ejercicio. Entregando podómetros a un subconjunto de estas personas, los investigadores descubrieron que estos "perdedores de peso con éxito" daban una media de 10.900 pasos al día. De hecho, las nuevas pautas dietéticas para EE. UU. recomiendan de 60 a 90 minutos de actividad física al día para personas que estén tratando de perder mucho peso, o para mantener una pérdida de peso considerable. Incluso a una velocidad moderada de 100 pasos por minuto (ritmo de paseo), eso supone 6.000 a 9.000 pasos adicionales al día para una persona de otro modo inactiva.

> **DAR MÁS PASOS**
>
> Sube las escaleras de una típica casa de dos pisos o dúplex: de 12 a 15 peldaños por tramo (hazlo a menudo).

Los beneficios de incrementar el número de pasos

El adelgazamiento es una meta de innumerables estadounidenses. Pero con un programa seguro y saludable de pérdida de peso (los expertos dicen que perder aproximadamente medio kilo cada una o dos semanas es la forma inteligente de conseguir un éxito permanente) puede parecer que se tarda una eternidad. En vez de frustrarse por el proceso aparentemente lento, trata de concentrarte en los muchos otros resultados que andar más puede aportar. Atente al objetivo de alcanzar o superar los 10.000 pasos al día, pero has de saber que, cualquiera que sea tu nivel inicial, añadir incrementos más pequeños de pasos ofrece enseguida compensaciones.

De todas formas, ¿qué distancia estoy recorriendo actualmente?

Nuestro método se concentra en añadir pasos a tu jornada. Eso es lo que lo personaliza: sabes con cuántos pasos has empezado en la Semana Primera, y puedes medir tus progresos respecto a tu propia base de referencia (punto de partida). Nada de kilómetros normalizados (más fáciles de establecer para los que están en forma y son rápidos, pero más difíciles para el novato) que compliquen el tema o provoquen objetivos poco realistas.

PASOS HACIA EL ÉXITO
Los crecientes beneficios del aumento de pasos

Sobre todo si estás empezando a un total de pasos diarios muy bajo, has de saber que puedes lograr beneficios incluso partiendo de incrementos moderados en tu número de pasos. No hay garantía alguna, dadas la amplia gama de niveles individuales de forma física y la intensidad de tus pasos (que se ve afectada por la velocidad y el terreno, por ejemplo), pero he aquí algunos de los beneficios del aumento gradual de actividad física observados en una amplia gama de estudios de investigación. (Los cálculos aproximados de pérdidas de peso suponen que tu peso es actualmente estable; si ahora estás engordando, incrementar tu número de pasos lo más probable es que sólo ralentice tu ritmo de ganancia de peso.)

Añade esta cantidad de pasos al día	Y disfruta de estos beneficios potenciales
500	Menos estrés, mejora del humor
1.200	Moderada reducción en el riesgo de enfermedad cardiaca, diabetes e hipertensión arterial
2.400	Mayor fortalecimiento de la salud y el humor, aumento de la energía; pérdida de peso lenta pero sostenible (digamos medio kilo aproximadamente cada dos meses)
3.600	Aún mejor salud y forma física; pérdida de peso más mantenida (quizá 7 kilos al año)
7.200	Espectaculares mejoras en los riesgos de salud y en la forma física: posibilidades de pérdidas de peso aún más rápidas (hasta de 14 kilos al año)
¿Y si caminas más rápido?	
3.000 pasos rápidos	Mejoras en la forma aeróbica, aumentos en el colesterol HDL (el bueno)

ÉXITOS DEL PODÓMETRO
¡Y Nelly dice que hace que te sientas bien!

A los 62, podría pensarse que Nelly Petrock, de Ann Arbor, Michigan, camina para proteger su salud. Tiene un historial familiar de colesterol alto, y sus lecturas ahora son más bajas, gracias a caminar. Su densidad ósea se halla dentro del 10 por ciento mejor de su grupo de edad, algo que ella atribuye a caminar y al entrenamiento de la fuerza. Pero su principal razón para caminar tiene poco que ver con estas cifras. Camina para sentirse bien.

"Simplemente me siento mucho mejor cuando empiezo la jornada con 5.000 pasos", dice. Su ruta favorita es una excursión de casi 5 kilómetros a través del campus de la cercana Universidad de Michigan. Algunos días, su marido y ella van en coche a otro barrio a caminar, o se acercan andando al centro de la ciudad hasta la librería. Los días de lluvia, hace media hora de máquina elíptica en casa. Cuando visitan Holanda, tierra natal de Nelly, caminan por antiguas ciudades, junto a molinos de viento y a lo largo de canales.

Nelly, que es una madre y abuela que trabaja en casa para el negocio de su marido, empezó a usar podómetro en 1993. Lo emplea para calcular sus progresos en pos de su meta diaria de 10.500 pasos. "Si sólo he hecho 8.000 pasos a la hora de la cena, me doy cuenta de que más vale que salga a dar a un paseo", explica. "Me proporciona una mejor actitud mental saber que estoy haciendo algo positivo para mí misma."

Todo eso está muy bien, pero seamos realistas: todavía sientes curiosidad acerca de la distancia que estás caminando. Tal vez sólo estás subiendo a todo correr escaleras en el trabajo, o has añadido un paseo nocturno con tu cónyuge, o quizá estás cambiando de ropa y sales a dar una caminata aeróbica en toda regla. Sea como sea, te preguntas: *¿Cuántos kilómetros ando al día?*

Una regla general muy sencilla pero aproximada empleada por muchos es hacer equivaler 1.250 pasos a 1 kilómetro (o bien 2.500 a 2 kilómetros). No es una mala cifra media, pero no tiene en cuenta las diferencias de altura, longitud de pierna y zancada, terreno y, sobre todo, lo rápido que se camina. Después de todo, a medida que se acelera, la zancada se alarga naturalmente y se incrementa la frecuencia de pasos; pero cuánto, depende de tu flexibilidad y nivel de forma física.

He aquí la forma más sencilla para calcular aproximadamente la distancia recorrida caminando, y es igual de buena que cualquiera de los métodos electrónicos disponibles. Calienta con varios minutos de paseo suave, pon a cero el podómetro, y luego camina un kilómetro bien medido, como, por ejemplo, dando dos vueltas y media por la calle interior en una pista de atletismo normal de 400 metros de un colegio, instituto, polideportivo municipal, etc. La cifra que obtengas al final es tu graduación estándar de pasos por kilómetro, y que no te sorprenda ninguna cifra situada entre los límites de los 1.000 a los 1.500 pasos. Si no estás seguro, simplemente pon a cero el podómetro y vuelve a hacer la prueba.

> **DAR MÁS PASOS**
>
> Pasa una tarde en el museo de ciencias; pondera los imponderables.

Es importante intentar caminar a tu ritmo típico: no te pongas a charlar con nadie ni te entretengas (a menos que sea lo que haces normalmente), ni te emociones y eches a correr como un galgo. Si tiendes a caminar a distintas velocidades —pongamos, ritmo moderado para recados o ir y venir del trabajo, pero rápido cuando haces "ejercicio"—, entonces camina un kilómetro a cada velocidad y anota la diferencia en tu total de pasos. Sin duda el kilómetro más rápido requerirá menos pasos debido a que no sólo son éstos más rápidos, sino que la zancada se ha alargado también sensiblemente. Si empleas tu podómetro para correr, asegúrate de realizar una graduación para carrera: tus zancadas serán aún más largas, y se requerirán todavía menos pasos para recorrer un kilómetro. Luego siempre que camines (o corras) a esa velocidad, puedes dividir los pasos totales que des por tu graduación personal de pasos por kilómetro para lograr un cálculo preciso de la distancia recorrida.

He aquí un ejemplo. Larry camina con su podómetro un kilómetro bien medido y descubre que da 1.214 pasos. Después, durante la semana, hace una caminata de 5.100 pasos. Divide 5.100 por 1.214 pasos cada kilómetro, y obtiene 4,2 kilómetros.

Datos del ejercicio

Tamaño de la "ración"	I kilómetro
Pasos por kilómetro	1.250

Cantidad por "ración"

Calorías consumidas*	50
Calorías provenientes de grasas (aprox.)	30

% Valor Diario[**]

Control de peso	12,5%
Reducción de la tensión arterial	13%
Control de glucosa en sangre	12,5%
Mejora del colesterol	11,5%
Sensación de vigor	12%
Control del estrés	12,5%
Cardioprotección	12,5%

* Calorías consumidas por kilómetro para una persona de 68 kilos (caminando a 4,8 km/h).
** Se emplean valores porcentuales diarios sobre la base de un objetivo de actividad física de 10.000 pasos al día.

Aunque tu podómetro te permita introducir longitud de zancada, de manera que calcula automáticamente la distancia por ti, no dejes de hacer un paseo completo de graduación de 1 kilómetro. Después, dependiendo de lo que requiera el podómetro (metros, centímetros o pies), divide simplemente 1.000 metros, 100.000 cm o 3.281 pies por el número de pasos que hayas dado para obtener la longitud de zancada que puedes introducir en el aparato.

Pero volvamos a Larry, que da 1.214 pasos por kilómetro. Para introducir su longitud de zancada en pies en su podómetro, divide 3.281 pies por 1.214 pasos, y obtiene 2,7 pies por paso. Si necesitase centímetros, dividiría 100.000 centímetros por 1.214 pasos, y obtendría 82,37 centímetros por paso.

Nota final: ¿Y qué pasa si en la pista de atletismo de que dispones sólo se deja que vayan por las calles interiores los corredores y relega a los marchistas a los límites exteriores? No tiene mayor importancia, basta con que sepas que estás añadiendo 2,75 metros por vuelta por cada calle que te apartes del borde interior. Así que si caminas cuatro vueltas por la calle cinco, has añadido unos 11 metros por vuelta, o 44 metros en total. Afortunadamente, la solución es sencilla: Resta esos metros deteniéndote a esos metros de la meta. En el caso de caminar por la calle cinco, eso representa casi la mitad de la longitud de la recta final (50 metros).

Cálculo rápido del consumo de calorías

Para un sencillo cálculo aproximado de las calorías que has consumido mientras caminas, haz el siguiente cálculo. A velocidades típicas de caminar de aproximadamente 3,2 a 6,4 km por hora, puedes dividir por 1,5 tu peso corporal (en kilos) para calcular aproximadamente cuántas calorías consumes por cada kilómetro que caminas.

$$\text{Calorías por kilómetro} = \text{Kilómetros caminados} \times \frac{\text{Peso Corporal (kilos)}}{1,5}$$

Si pesas 75 kg, eso son 75/1,5 = 50 calorías. Si das un paseo de 4.500 pasos, puedes usar la regla de los 1.250 pasos por kilómetro y calcular aproximadamente que has caminado 3,6 km (resultado de dividir 4.500 pasos / 1.250 pasos por kilómetro = 3,6 km). Tu cálculo aproximado de consumo calórico es:

3,6 km x 50 calorías por kilómetro = 180 calorías

Por supuesto, no todo el mundo da en realidad 1.250 pasos por kilómetro. Para crear una ecuación *personal* más precisa de calorías por paso, haz la siguiente graduación:

DICHO SEA DE PASO

Pequeños cambios, gran impacto

Siguen acumulándose las pruebas de que añadir un poco de actividad cada día es verdaderamente efectivo para mejorar la salud y perder peso. Un estudio japonés de 2002, por ejemplo, descubrió que 31 hombres con sobrepeso que añadieron 1.800 pasos por día (pasando de 7.000 a 8.800 pasos diarios) perdieron casi cuatro kilos en un año. También impresionante: aunque se dijo a los hombres que no introdujeran ningún cambio en sus hábitos alimentarios, tendieron a consumir 100 calorías menos al día. Prueba, tal vez, de que un buen paso conduce a otro.

Paso 1. Camina con naturalidad durante cinco minutos para calentar.

Paso 2. Camina 1.000 m bien medidos (digamos, dos vueltas y media de una pista de 400 m) usando tu podómetro para contar cuántos pasos supone. Las lecturas típicas variarán entre los límites de 1.000 y 1.500 pasos. Ésa será tu cifra de *pasos por kilómetro*.

Paso 3. Cuando des un paseo, introduce el número total de pasos que des en la siguiente ecuación (tu peso corporal debe estar en kilos):

$$\text{Calorías} = \frac{\text{Pasos totales dados}}{\text{Pasos por kilómetro}} \times \frac{\text{Peso (kilogramos)}}{1{,}5}$$

Ejemplo: Cheryl pesa 54 kg, y yendo a la pista se entera de que ella lo normal es que dé 1.330 pasos por kilómetro. Después de un largo paseo, descubre que ha dado 7.980 pasos. Así que calcula:

$$\frac{7.980 \text{ pasos}}{1.330 \text{ pasos}} \times \frac{54 \text{ kg}}{1{,}5} = 6 \text{ km} \times \frac{36 \text{ calorías}}{\text{por kilómetro}} = 216 \text{ calorías}$$

Por tanto, su paseo era de aproximadamente 6 kilómetros, y consumió aproximadamente 216 calorías.

Prepararse para incrementar el número de pasos: elección de zapatillas para caminar

A medida que añades más pasos, tus pies se merecen un poco de atención. Después de todo, los tacones y los zapatos de vestir pueden quedar estupendamente para trabajar, pero son insoportables (literalmente) hasta cuando sólo vas caminando a la oficina desde la esquina más alejada del aparcamiento (una manera perfecta de añadir pasos, por cierto). Si decides ir a la tienda de la esquina dando un paseo propiamente dicho o hacer una excursión a ritmo rápido para hacer ejercicio, es indispensable disponer de zapatillas de caminar cómodas .

- Haz que te midan los pies, y elige la talla del pie más grande (a menudo varían media talla o más).
- Lleva los calcetines que suelas llevar para caminar.
- Pruébate zapatillas por la tarde, cuando tus pies están más hinchados, hasta alcanzar sus mayores dimensiones.
- Camina por la tienda, da saltitos, salta a la pata coja y baila con las zapatillas puestas que te estés probando. Y no esperes que las "domarás" y te estarán bien más adelante: si no las sientes de maravilla durante la prueba en la tienda, desde luego que no te irán bien cuando acumules 10.000 pasos al día o más.

 PASOS HACIA EL ÉXITO

¿Obtengo "crédito" montando en bicicleta y nadando?

Ambas actividades son excelentes ejercicios, pero no puedes usar podómetro en el agua, y carecerá de precisión en tu bicicleta si lo llevas en la cintura. En la bici, ponte el podómetro en los cordones o en el calcetín para medir las pedaladas; la lectura será aproximada, pero no absolutamente precisa. O bien puedes obviar esto usando un equivalente de pasos por tiempo invertido en la piscina o en la bicicleta. Concédete un crédito de 110 pasos por cada minuto que pases nadando largos o montando en bici: es un recuento conservador para un minuto de caminar a ritmo moderado.

He aquí una tabla que puedes usar para establecer rápidamente el "crédito" de pasos por estas actividades:

Minutos de ciclismo o natación	Pasos ganados
15	1.650
20	2.200
30	3.300
45	4.500
60	6.600
90	9.900

Las características clave que buscar en una zapatilla para caminar son:

- Una media suela muy flexible. Busca que la zapatilla se doble con facilidad donde tú lo hagas, en la eminencia plantar del pie.
- Un buen soporte del arco. No hace falta que lleve alza —elige una altura del arco basada en la comodidad—, pero la zapatilla *no* debe doblarse a lo largo del arco. Un arco poco sólido puede provocar dolores, fascitis plantar (una inflamación crónica que tensa el tejido muscular de la planta del pie), e incluso espolones en los talones si se llevan puestas durante mucho tiempo.
- Un tacón redondeado o biselado. Al caminar, el pie impacta primero con el tacón, así que un tacón bajo redondeado o biselado se adapta a un movimiento de rotación del talón a la puntera. Las zapatillas con tacones con alza o cuadrados (como, por ejemplo, muchas para correr o de baloncesto) puede provocar dolor en la espinilla si acumulas muchos pasos con ellas.

Pero ¿qué estilo de zapatilla para caminar te conviene? Las opciones abarcan desde un diseño atlético ligero —éstas a menudo parecen zapatillas para correr, pero con un tacón más redondeado— hasta zapatillas ligeras de senderismo, a veces llamadas zapatillas de *trekking* o de aproximación, diseñadas para sendas entre fáciles y

Ajusta tus zapatillas al empleo que les des

	Marcha atlética	De *sport*	Senderismo ligero, marchas por terreno accidentado
Lo que ofrecen	Materiales ligeros; a menudo sintéticos transpirables, por lo que son las más frescas; amortiguación y flexibilidad óptimas.	Apariencia más acabada; amortiguación entre moderada y excelente; a menudo de peso medio.	Aspecto más oscuro y para actividades al aire libre; suela exterior más resistente y más gruesa; mejor tracción; mayor protección en sendas y con mal tiempo; pueden ser algo más pesadas.
Ideales para...	Marcha más rápida o más atlética; aceras, pistas atléticas, sendas pavimentadas, tapices rodantes.	Llevar a diario por ciudad, en condiciones predecibles.	Sendas entre sencillas y accidentadas y terreno variado; caminatas en invierno.
No dejes de elegirlas si...	... la amortiguación es lo que más necesitas, o la velocidad o la puesta en forma están entre tus metas.	... vas sumando pasos durante la jornada laboral, el viaje al y desde el trabajo, etc.	... necesitas ofrecer mucho soporte a los pies; buenas si a veces practicas senderismo con mochila.

moderadas. Entremedias se encuentra toda una gama de zapatillas y zapatos informales y de *sport* que presentan atributos de cada uno de aquellos tipos: los materiales ligeros de las zapatillas atléticas y el soporte y el aspecto más acabado del calzado para senderismo. La tabla de arriba puede ayudarte a averiguar lo que te convendría probar. Sea cual sea el estilo que elijas, considera la posibilidad de reemplazar tu par más usado cada 500 u 800 kilómetros (lo cual equivale normalmente a entre tres y seis meses, dependiendo de tus totales típicos de pasos). Las zapatillas de *trekking* de sólida construcción pueden tener una vida ligeramente más larga, pero has de saber que el calzado comienza a perder sus propiedades de amortiguación y soporte mucho antes de que parezca visiblemente desgastado.

Programa para la segunda semana

La buena noticia es que ya sabes todo lo que necesitas. Basta con que sigas con tu rutina con el podómetro. Llévalo a diario, desde que te levantes por la mañana hasta que te acuestes por la noche. Toma nota de tus pasos de la jornada, y luego pon el aparato a cero para el día siguiente.

Además, esta semana tienes una nueva tarea: incrementar tu media diaria sólo un 20 por ciento más que en la Primera Semana. Vuelve a mirar los datos de la primera semana y comprueba tu "meta diaria para la semana próxima". Debería mostrar un incremento del 20 por ciento. Así, si hiciste 4.200 pasos de media al día la semana pasada, deberías haber escrito 5.040 en el espacio de la meta diaria (4.200 x 1,2). Eso significa que esta semana estás tratando de hacer unos 5.000 pasos al día.

 ÉXITOS DEL PODÓMETRO

Steve aprende la cura para la ganancia de peso sigilosa

Steve Burgess, un banquero de mediana edad de La Crosse, Wisconsin, había ganado peso constantemente desde su graduación en la universidad. Cuando en 2001 llegó a los 119 kg, su médico de familia le aconsejó que adelgazase. Además, su doctor le hizo entrega de un podómetro y le dijo que caminase 15.000 pasos al día para perder peso o 10.000 para mantenerse en su peso actual. A Steve le gustó tanto la idea que empezó a caminar inmediatamente. Después de tan sólo una semana, había incrementado sus pasos subiendo por las escaleras en su edificio de cinco pisos e incluyendo más actividad física a lo largo de toda la jornada. Gradualmente fue subiendo hasta los 15.000 pasos, cinco días a la semana, y 10.000 pasos al día los dos restantes. En un año, se había quitado, a base de caminar, 13 kg de grasa malsana, y se sentía mejor que nunca. Aunque Steve también recortó calorías y prestaba atención a lo que comía, achaca gran parte de su éxito al podómetro, que le motivaba a caminar más. De hecho, siempre que Steve dejaba de usar el podómetro descubría que los kilos empezaban a volver sigilosamente, un recordatorio de que, aunque éste sea sólo un programa de seis semanas, puede que encuentres beneficioso convertir en hábito duradero el llevar podómetro.

Pero plantéatelo así: si eres como muchos estadounidenses, eso son únicamente 800 pasos más de los que dabas de media la semana pasada, el equivalente de tan sólo ocho minutos de pasear tranquilamente, o unos meros seis minutos de marcha rápida, enérgica y decidida. Además, no tienes que hacerlos todos de una vez: va bien un minuto aquí y otro allá. Basta con que no dejes de introducir tus pasos adicionales esta semana, y descubrirás lo increíblemente sencillo que es empezar a encaminarte hacia una vida más larga y más saludable.

¿Que por qué sólo incrementar un 20 por ciento a la semana? Por dos razones básicas. Desde luego, es beneficioso fisiológicamente. Frente al ejercicio, tu cuerpo tiene lo que los científicos llaman una "respuesta adaptativa al estrés". Estresas tu cuerpo al pedirle que haga más de lo habitual (levantar más peso, pongamos por caso, o dar más pasos), y responde reparando cualquier daño e incrementando tu capacidad para realizar la tarea en el futuro. Los músculos se fortalecen, por ejemplo, y generas más capilares, los pequeños vasos sanguíneos que llevan la sangre a las células musculares. El truco es que tu organismo sólo puede reparar y mantener la cadencia si lo haces a un ritmo moderado, incrementando entre un 10 y un 20 por ciento semanal. Si haces mucho más, ello puede provocar molestias e incluso lesiones.

La segunda razón tiene que ver más con la psicología (la psicología del cambio de conducta). Vas a tener que tomar decisiones conscientes acerca de cómo introducir más pasos en tus jornadas, y no será siempre fácil. Así que un enfoque gradual te dará tiempo para probar diferentes cosas y descubrir lo que funciona y lo que no.

Al final de la semana suma los días para obtener tu total semanal, y luego divídelo por 7 para determinar tu media de pasos diarios esta semana. Multiplícalo por 1,2 (un incremento de un 20 por ciento) y escribe tu meta para la semana próxima. Ya deberías estar observando cómo estás empezando a recorrer con pequeñas mejorías tu camino hacia un estilo de vida más sano y más activo.

Diario de pasos de la segunda semana

Número de pasos	¿Algo especial hoy?
Lunes	
Martes	
Miércoles	
Jueves	
Viernes	
Sábado	
Domingo	
Total Semanal	

Media diaria: _____
(total de pasos semanales dividido por 7)
Meta diaria para la semana próxima: _____
(media diaria x 1,2, para aumentar un 20 %)

Tercera semana

Encaminarse hacia el ideal de 10.000 pasos al día

Ya estás en vena, así que es hora de incrementar el número de pasos. Las primeras dos semanas fueron sencillas: en la Primera Semana simplemente mediste tu base de referencia y en la Segunda estabas emocionado de ver lo rápido que se acumulaban los pasos. *¡Oye, pero si sólo he ido al buzón... y tengo ya 72 pasos!* Esta semana la meta es convertir algunos de esos moderados incrementos de pasos en adiciones permanentes, y tus nuevos recuentos de pasos, en hábitos. Y más importante: es hora de empezar a contemplar un objetivo mayor: 10.000 pasos o más.

¿Cuántos pasos bastan?

La respuesta, por supuesto, depende de tus deseos personales, pero 10.000 pasos al día es una recomendación ampliamente aceptada entre expertos de la salud y el *fitness*. Muchos creen que conseguir "10 al día" (entiéndase diez *mil* pasos, no diez kilómetros) equivale aproximadamente a la recomendación del *Surgeon General* (equivalente estadounidense de la Dirección General de Salud Pública) de incluir a diario un mínimo de 30 minutos de actividad moderada —como caminar—. Pero ¿de dónde salió esta cifra tan redonda?

Inmediatamente después de la Olimpiada de Tokio de 1964, los japoneses se dieron cuenta de que, mientras los atletas de élite estaban en buena forma, poco se estaba haciendo para fomentar el ejercicio entre el resto de la población. Considerando la información de que

disponían para fijar una meta saludable, los expertos lo ligaron al pegadizo eslogan "10.000 pasos al día".

Con el paso de los años, este punto de referencia se ha visto sostenido cada vez por más pruebas. En 1975, el Dr. Yoshiro Hatano, un investigador japonés, demostró que 10.000 pasos al día requieren como mínimo 333 calorías de gasto energético para un japonés de altura y peso medios. Esto era significativo, porque era aproximadamente la misma cantidad de ejercicio que los expertos estaban concluyendo que ofrece protección frente a infartos de miocardio o accidentes cerebrovasculares. En el Estudio sobre Alumnos Universitarios —un clásico que marcó un hito debido a sus dimensiones y envergadura—, el Dr. Ralph Paffenbarger examinó a 17.000 hombres para determinar sus hábitos de actividad física, y después les hizo un seguimiento entre 6 y 10 años más tarde. Observó que universitarios que consumían 300 calorías al día caminando, subien-

DICHO SEA DE PASO

Los japoneses lo llaman así

En Japón, la palabra para podómetro es *manpo-kei*, que, traducida literalmente, significa "medidor de diez mil pasos".

ÉXITOS DEL PODÓMETRO

Yoshiro Hatano: Pionero del podómetro

Al Dr. Yoshiro Hatano, un investigador de Miyazoki, Japón, podría llamársele el padre de los 10.000 pasos. Después de todo, ha estado estudiando los podómetros y los beneficios de caminar desde el lanzamiento del eslogan japonés de los "10.000 pasos al día" en el año 1965, que fue diseñado para estimular la actividad entre los ciudadanos de aquel país. Uno de sus hallazgos más significativos fue que 10.000 pasos al día consumían aproximadamente la misma cantidad de calorías que los expertos en salud recomiendan para protegerse contra infartos de miocardio y accidentes cerebrovasculares. Algunas de sus investigaciones más recientes se han centrado en las personas mayores, y ha descubierto que quienes caminan regularmente padecen menos problemas de salud, tales como hipertensión, diabetes, enfermedad cardiaca coronaria y estrés mental, que sus coetáneos que no caminan. Más allá de la buena salud, estos mayores informaron de sentirse realizados, dedicarse a aficiones culturales, gozar de sueño profundo, fuerte capacidad inmunitaria y libertad de volverse "maníacos de la TV".

Hatano practica lo que predica. Lleva podómetro a diario, y ha sido leal al eslogan que ha trabajado para fundamentar. Desde 1980 hasta 1998, dio de media 12.800 pasos al día. Desde que se trasladó de Tokio a un entorno rural y encontró más tiempo libre para caminar, ha dado de media 14.000 pasos diarios.

do escaleras y en actividades físicas en su tiempo libre tenían la mitad de infartos que sus homólogos sedentarios. Este efecto protector de un estilo de vida activo ha sido confirmado por numerosos estudios a gran escala tanto de hombres como de mujeres desde la década de 1970.

Estudios adicionales han demostrado que las personas que son regularmente activas —especialmente en rachas de 10 minutos o más— abonan el terreno para una buena salud. Algunos de estos hallazgos indican que:

• Los japoneses que dan 10.000 pasos al día tienen menor tensión arterial y menos grasa corporal que quienes caminan menos.

DICHO SEA DE PASO

Cinco razones por las que funciona la meta de 10.000 pasos al día

1. Es una meta concreta. Y además un podómetro proporciona información inmediata sobre si se ha alcanzado.

2. Se concentra en un comportamiento diario que está bajo tu control, no en una meta difícil de alcanzar, como "perder peso". La aguja de la báscula del baño da la impresión de que no se mueve nunca; tu podómetro cuenta movimientos con cada paso.

3. Es válida para todos. Debido a que esta meta se expresa en pasos, no en calorías, no depende del peso corporal. Así que, aunque adelgaces, la meta sigue siendo la misma.

4. Aporta libertad de elección. Una mujer de 20 años de edad puede que haga los pasos jugando al fútbol y corriendo campo a través, una de 45 años podría jugar al tenis y caminar con compañeras de la oficina a la hora del almuerzo, y una de 75 podría ir caminando a un centro comercial cercano o una pista cubierta o andar durante su trabajo de voluntariado.

5. Cuenta la actividad durante todo el día. Previamente, los expertos se concentraban en el ejercicio como algo separado de la "vida real", sin considerar la ocupación, el modo de transporte o la intensidad de la rutina diaria.

- La gente sedentaria y con riesgos de salud que empieza a anotar 10.000 pasos al día registran mejoras de peso corporal, tensión arterial y tolerancia a la glucosa.
- Según la Dra. I-Min Lee, investigadora de Harvard, se puede reducir el riesgo de enfermedad cardiaca por igual tanto con un periodo mayor —pongamos, 30 minutos— como con varias rachas más breves de ejercicio.

Debido a que es posible anotar 10.000 pasos al día con actividad física ligera e intermitente, expertos de los Centros para el Control de

Enfermedades de EE. UU. señalan que es incierto que la meta de 10.000 pasos al día asegure una adecuada intensidad para protegerse contra la enfermedad cardiaca. Sin embargo, nuestra experiencia sugiere que la gente sedentaria que normalmente da 5.000 pasos o menos al día casi siempre tiene que añadir a su jornada entre una y tres rachas de actividad deliberada y sostenida (hasta totalizar de 30 a 50 minutos) para alcanzar la meta de 10.000 pasos. Así pues, dar 10.000 pasos

> **DAR MÁS PASOS**
> Recorre andando la calle para visitar a un vecino del barrio.

al día puede que no *garantice* que cubras las recomendaciones nacionales estadounidenses de actividad física, pero hace mucho más *probable* que logres la recomendación mínima de 30 minutos de actividad física moderada.

Concentrarte en *tu* cifra mágica

Al observar la naturaleza sedentaria de gran parte de la vida estadounidense, podría concluirse que es hora de abandonar las comodidades modernas y pasarse a la no-tecnología, como los amish. De hecho, el coautor David Bassett ha estudiado en profundidad este estilo de vida, y cree que podría no ser mala idea. Descubrió que los amish que viven en una comunidad agrícola tradicional en Ontario hacen mucha actividad física —la mayoría se sientan durante una media de tres horas al día (compárese con nuestras típicas de 8 a 10 horas), y están activos durante aproximadamente 50 horas a la semana, con una buena dosis de trabajo agotador en medio por si acaso—. La media de totales de pasos diarios se hallaba en torno a los 14.200 para las mujeres y 18.400 para los hombres. ¡Uno de los hombres llegó a dar 51.500 pasos en un día, y había una mujer que daba 10.000 pasos antes de desayunar! A pesar de sus suculentas dietas de carne, patatas, verduras y ricos postres, hay poca obesidad entre este particular grupo de estudio. Esto sugiere que, ingiriendo una dieta moderada, se puede perseguir una meta de pasos más moderada y, aun así, mantenerse en equilibrio (e incluso podrías mantener el teléfono móvil).

DICHO SEA DE PASO

¿Por qué son tan activos los amish?

Los amish son un grupo protestante que tuvo su origen en Suiza pero fueron trasladándose a Norteamérica a partir de 1727, aproximadamente. Aunque aquí no podemos hacer justicia a todo su sistema de creencias, es notable que, de raíz, los amish aprecian la sencillez, la no violencia y los valores tradicionales, en contraposición con la moda actual, que se concentra en el progreso y la tecnología. La agricultura es su ocupación más habitual, y los hombres labran la tierra con caballos y recolectan cosechas sin tractores. Las mujeres amish se encargan de la mayor parte del cuidado de los niños, el cultivo de las huertas y un despliegue de tareas domésticas que van desde la cocina y la elaboración de conservas hasta la confección, la limpieza y el arreglo de ropa y los artículos del hogar. Dado que no poseen automóviles, caminar y los carruajes tirados por caballos son sus modos de transporte principales, y sin electricidad ni teléfono en sus casas, los entretenimientos sedentarios, como la televisión o la navegación por Internet no se cuentan, desde luego, entre sus alternativas de ocio. De todos modos, no es que les quede mucho tiempo a los amish para tales pasatiempos inactivos.

Evidentemente, con tantas variables en la mezcla resulta imposible ofrecer una cifra mágica que convenga a todos por igual. El objetivo correcto para ti depende de tu psicología, de lo que comes y en qué cantidad, y de lo rápido que caminas. Pongamos que andas 12.000 pasos al día y que quieres perder peso, pero sin dejar los helados ni cambiar la pizza de salchichón picante con el doble de queso por una de queso normal. Pues tendrás que añadir aún más pasos. O tal vez estés contento con tu peso pero realmente te gustaría ser capaz de subir al galope esos dos tramos de escaleras del metro o mantener el ritmo de tus hijos sin perder el aliento. Tal vez sólo necesites 8.000 pasos al día, pero sería mejor que dieses 5.000 de ellos con suficiente rapidez para aumentar tu frecuencia cardiaca y romper a sudar.

Visión global sobre el número de pasos

He aquí una rápida ojeada al número de pasos que podrías pro-
ponerte al día, basada en lo que confías lograr a largo plazo. Y he
aquí una noticia reconfortante: aunque nos estemos concentrando
en totales de pasos diarios, tal vez te parezca más fácil pensar desde
el punto de vista de un objetivo semanal. Eso se aplica especialmente si tu agenda hace que ciertos días (pongamos, por ejemplo, cuando pasas mucho tiempo en el coche) siempre sean peores que otros
para acumular pasos. Así pues, usa las metas diarias como objetivo,
pero no te asustes si varías de un día a otro a lo largo de la semana.
Al final, alcanzar tu total semanal es igual de beneficioso.

Al principio, la meta debería ser simplemente incrementar tu nivel
diario de actividad añadiendo pasos. Pero tu objetivo de pasos final
depende de tus aspiraciones. He aquí tres objetivos básicos que pro-
ponerse:

Totales de pasos diarios para adultos sanos

Tu meta personal	Objetivo de pasos diarios de media
Reducción del riesgo de enfermedades crónicas (tales como enfermedad cardiaca, diabetes o cáncer) y pérdida de peso moderada.	Como mínimo 10.000 pasos/día (70.000 pasos/semana).
Buena salud a largo plazo, además de una pérdida de peso más evidente (cuanto mayor sea la cifra de pasos, más rápido se pierden los kilos).	12.000-15.000 pasos/día (84.000-105.000 pasos/semana).
Mejora de la forma aeróbica (fortaleza del corazón y los pulmones).	Como mínimo 10.000 pasos a la *semana* a ritmo *rápido* (suficiente para generar una respiración perceptible y un incremento en la frecuencia cardiaca)[*].

[*] Nota: Distribuye estos pasos más rápidos durante al menos tres días de la semana en tandas de 3.000 pasos o más.

¿10.000 pasos es una cantidad adecuada para todas las edades?

Aunque 10.000 sea una cifra perfectamente memorable y fácil para concentrarse en ella al comprobar tu podómetro a lo largo del día, probablemente no sea el objetivo adecuado para absolutamente todo el mundo. Desde luego que alguien que esté buscando un ritmo más rápido de pérdida de peso se beneficiará de dar más pasos diarios y,

 DICHO SEA DE PASO

Cumplir años paso a paso

La triste verdad: no sólo es que los estadounidenses adultos seamos inactivos, sino que también lo son nuestros hijos, como se pone de manifiesto observando las medias de recuentos de pasos de niños en edad de educación primaria del Sudoeste de Estados Unidos en comparación con los de niños de todo el mundo. Pero la situación es aún peor de lo que parece. La única razón por la que los niños estadounidenses parecen estar tan cerca de sus homólogos australianos es que la natación —una actividad superpopular en Australia que proporciona mucho ejercicio a sus niños— no se registra en los recuentos de pasos. Esto sugiere que los niños estadounidenses están aún más retrasados en cuanto a actividad física se refiere. Además de ser menos activos, los estudios que recogieron datos sobre peso corporal sugieren que los niños estadounidenses padecen también mayor sobrepeso. Igual de desconcertante es la tendencia de las niñas a ser menos activas que los niños, probablemente como resultado de normas sociales, más que de factores fisiológicos.

País	Media de recuento de pasos	Niños	Niñas
Bélgica	15.038	16.600	13.000
Suecia	14.900	16.200	13.600
Reino Unido	14.000	16.000	12.700
Australia	13.000	14.300	11.700
Estados Unidos	12.000	13.200	11.000

Existe una escasez similar de datos para adultos mayores. Como es lógico, los totales de pasos sí parecen disminuir con la edad, pero eso nos lleva a la gran pregunta: ¿cuál es la causa y cuál es el efecto? Muchos de nosotros con franqueza, si estás ganando peso actualmente y eres realmente un comilón (y no tienes planeado cambiar esto), es posible que necesites más de 10.000 pasos tan sólo para conseguir estabilizar tu peso. Por otro lado, si tienes una lesión o una enfermedad crónica, 10.000 o incluso 7.000 pasos puede ser muy poco realista como objetivo mínimo. Consulta a tu médico sobre lo que te conviene. Pero ¿y las personas más mayores o más jóvenes?

podemos nombrar a algún septuagenario dinámico que parece incesantemente activo y poseedor de un infinito suministro de energía. Ahora bien, eso podría deberse en parte a una genética excelente. ¡Pero es también probable que sea resultado de haberse mantenido activo hasta los 70! Reducir espectacularmente las recomendaciones de pasos para personas mayores puede estar creando un círculo vicioso: si uno se vuelve menos activo, está menos en forma y menos sano, y, por consiguiente, tiende a ser menos activo: un paso más en lo que puede ser un debilitante ciclo de envejecimiento. Por tanto, si estás sano y tu médico está de acuerdo, deberías probablemente seguir con el mínimo de 10.000 pasos al día mientras puedas. Dicho esto, nuestras observaciones sugieren que es habitual ver reducirse algo las medias de pasos a medida que las personas avanzan por la década de los setenta, los ochenta y aun después. Así pues, sé realista mientras sigues trabajando para mantenerse activo.

Un último punto: todo esto supone que tienes buena salud, sin problemas metabólicos ni musculoesqueléticos que pondrían a prueba tu capacidad para acumular pasos. Las personas con enfermedades crónicas o limitaciones físicas es posible que encuentren que 10.000 o incluso 7.000 pasos al día simplemente no es realista. En tal caso, lo mejor que puedes hacer es hablar de tu situación con tu profesional del cuidado de la salud, y plantearte una meta que sea realista y beneficiosa para tu salud, y cuya consecución no resulte agobiante. Después de todo, añadir pasos debe ser no sólo físicamente alcanzable y sano, sino también emocionalmente gratificante y divertido.

Desgraciadamente, no hay aún páginas y páginas de datos sobre recuento de pasos en niños o en personas mayores. Basándose en la pequeña cantidad de las medias disponibles sobre los niños estadounidenses, el Consejo de Forma Física y Deportes del Presidente de los EE. UU. ha establecido los siguientes mínimos para niños que traten de conseguir su Premio de Estilo de Vida Activo: niños, 13.000 pasos al día; niñas, 11.000. Aunque no sea un mal comienzo, tiene dos limitaciones importantes.

La primera, se basa sólo en totales medios de pasos *actuales*. Sin embargo, con la juventud estadounidense mostrando precoces signos de la epidemia de obesidad que constituye una plaga entre los adultos de este país, es muy posible que los niveles actuales de actividad física de los niños sean cualquier cosa menos suficientes, en especial dada la típica dieta de un joven estadounidense. Además hay que hacer notar que los niños de Estados Unidos están retrasados respecto a sus homólogos internacionales (véase "Dicho sea de paso: Cumplir años paso a paso" en pág. 68), y pesan generalmente más que niños más activos de otros países.

DAR MÁS PASOS

Haz que tus hijos anden más; asígnales tareas domésticas físicamente activas apropiadas a su edad.

Segundo, la menor recomendación de pasos para las niñas puede ser el triste reflejo de una cultura que infravalora la actividad física o el atletismo en las jóvenes. Después de todo, no damos a las mujeres *adultas* una recomendación menor que a los hombres adultos. Así que, no te sientas satisfecho con los objetivos de 13.000 pasos para los niños y 11.000 pasos para las niñas: considéralos un punto de partida mínimo, mientras sigues estimulando a tus hijos a ser lo más activos posible.

DICHO SEA DE PASO

Caminando por el mundo

Al parecer los adultos americanos dan menos pasos que los de otros países. Por supuesto, se trata sólo de pequeñas muestras, pero son medias representativas de sus regiones. Y la buena noticia es que hay países donde la media es muy cercana a los 10.000 pasos al día. Si ellos pueden hacerlo, ¡también tú!

País	Pasos al día	Número de adultos de la muestra
Suiza	9.700	493
Australia Occidental	9.695	428
Japón	8.200	500
EE. UU. (Colorado)	6.804	742
EE. UU. (Carolina del Sur)	5.931	209

10.000 pasos y pérdida de peso: puede suceder

Un alentador estudio realizado en 2005 por el doctor en Pedagogía Patrick Schneider, profesor asistente en el Laboratorio de Rendimiento Humano de la Ball State University (Indiana), sugiere que, si padeces sobrepeso y eres inactivo, una rutina de 10.000 pasos al día puede producir una moderada pero significativa pérdida de peso. Al inicio, Schneider midió la altura, peso, grasa corporal, tensión arterial y perfil de lípidos en sangre de 56 personas. También les hizo registrar sus pasos durante una semana (dieron de media 5.100 pasos al día). Luego se les dieron instrucciones de incrementar esa cantidad gradualmente hasta dar 10.000 pasos al día. Registraban sus pasos diarios en una tabla y al final de cada semana entregaban sus tablas y se calculaban las medias. ¿A que esto te suena?

Después de nueve meses, los participantes volvieron para realizar mediciones de seguimiento. Schneider encontró que las personas que se habían atenido fielmente a la recomendación de 10.000 pasos al día habían perdido casi 4,5 kilos al final del estudio. Como es lógico, quienes no habían incrementado sus totales de pasos asis-

PASOS HACIA EL ÉXITO
Empleo del podómetro como *velocímetro*

Cuanto más rápido camines, más largas y *más rápidas* serán tus zancadas. Esto viene muy bien no sólo cuando tienes que echar a correr para coger el autobús, sino también cuando estás intentando introducir como buenamente puedes más pasos en menos tiempo. Puedes incluso calcular grosso modo tu velocidad conociendo cuántos pasos das en sólo 20 segundos. Echa sencillamente una ojeada a tu reloj y cuenta tus pasos durante 20 segundos (o para ser más preciso, deja que tu podómetro haga el trabajo durante un minuto entero), y luego mira tu recuento en la tabla de abajo para buscar la velocidad correspondiente. Para información más detallada sobre el cálculo de tu velocidad al caminar, consulta la Quinta Semana.

Velocidades caminando a diversos ritmos de pasos

Pasos dados en 20 segundos	Pasos por minuto	Velocidad aprox. (km/h)	¿Qué se siente?
33	100	3,2–4,0	Parsimoniosamente, sin prisas, charlando
40	120	4,8–5,6	Marcha decidida pero natural (un ritmo saludable)
45	135	5,6–6,4	Marcha concentrada, a paso ligero (un ritmo de quema de calorías)
50	150	6,4–7,2	Velocidad de generación de forma aeróbica; brazos flexionados y pasos rápidos
55	165	7,2–8,0	Marcha aeróbica rápida; comienzo de marcha atlética
60	180	8,8–9,6+	Marcha atlética rápida; trote (*footing*)
65	195	10,5+	Marcha atlética de competición; carrera

tieron a pocos cambios, o ninguno, en su peso corporal. En resumen, descubrió que hay que ser perseverante para ver resultados. Y para ser claro, no estamos sugiriendo esto para tener ocasión de emplear una caminata de 5.000 pasos como excusa para comerse un dónut de más, tan sólo porque ambas cosas equivalen a unas 240 calorías. Afortunadamente, muchas personas encuentran que a medida que se vuelven más activas, tienden a comer más saludablemente: al parecer no quieren volver a ganar mediante mala dieta lo que les ha costado tanto trabajo perder mediante la actividad.

DAR MÁS PASOS

Si vives en un chalet, traslada la lavadora y la secadora al sótano: 120 pasos por cada dos cargas de colada.

Ahora bien, 4,5 kg en nueve meses no es más que medio kilo al mes. Pero ten presente que es una media para quienes se atuvieron al programa, y no tiene en cuenta lo que estaban haciendo con sus dietas. Un hombre que perdió 10 kg hablaba con orgullo de su

"cinturón de honor": a medida que el tiempo pasaba y los kilos se fundían, tuvo que hacer nuevos agujeros en su cinturón para reducirlo. Otra mujer estaba rebosante de alegría porque había perdido suficiente peso para no estar ya clasificada como clínicamente obesa (de 13,5 a 18 kg de sobrepeso para una mujer de altura media).

Cuando se le pidió que resumiera su estudio, Schneider dijo bromeando: "¡10.000 pasos para el hombre, un paso gigante para la humanidad!", parodiando la famosa frase del astronauta Neil Armstrong al llegar a la Luna. Un eslogan con mucho gancho para ser un investigador, ¿no te parece? Y una noticia muy esperanzadora para cualquiera que esté tratando de hacer progresos permanentes hacia un peso más saludable.

Elimina las actividades que más pasos te roben

Añadir pasos a tu jornada es una forma estupenda de acercarse a una mejor salud e incrementar la energía; pero otro modo de hacer progresos es eliminar (o al menos reducir) la cantidad de tiempo que inviertes en pasatiempos físicamente *inactivos*, que acumulan calorías y socavan energía.

Cómo convertir el caminar en parte de tu vida, cada día

1. Camina a diario. Trata de atenerte al programa que hemos expuesto, pero si puedes sólo salir durante 5 o 10 minutos, es mejor que nada.
2. Lleva un registro. Toma nota de tu total de pasos a diario. Si hiciste una caminata continua y específica, anota la distancia y también el tiempo que tardaste.
3. Sé flexible. Habrá veces en que tengas que reorganizar el programa para asegurarte de introducir las tandas de pasos. Adáptalo a tus necesidades. Haz caminatas más largas cuanto tengas más tiempo, y trabaja en rachas más cortas los días que estés más ocupado.

Elimina las actividades que más pasos te roben

No dejes que estos malhechores se te lleven tu valioso tiempo y tus inestimables pasos. He aquí como frustrarlos:

En vez de...	Trata de conseguir...	Reflexiona sobre que...
Varios viajes cortos en coche al día.	2.400 pasos (dos rápidos recados de 10 minutos a pie).	Diez viajes al día no es infrecuente para un típico hogar de las afueras; convierte algunos de ellos en paseos a pie o recorridos en bicicleta.
Un gran viaje en coche al día.	5.000 pasos (~ 4 km, menos de una hora).	El estadounidense medio que tiene que ir y venir a la gran ciudad se pasa 24,3 minutos al día en el coche. Eso supone más de 100 horas al año sobre el trasero.
Poner la TV.	7.000 pasos durante 60 minutos.	Lo habitual es que los estadounidenses vegeten embobados ante el televisor más de cuatro horas al día; convierte al menos una de esas horas en una caminata a paso ligero en vez de holgazanear viendo la tele.
Alterne pasivo.	1.200 pasos durante 10 minutos.	Convierte 10 minutos de cotorreo en la máquina cafetera de la oficina o en la parada del autobús escolar en 10 minutos de charla mientras caminas.
Correo electrónico.	600 pasos hasta la casa de un vecino o un despacho cercano.	A veces nos ahorra mucho tiempo, pero ¿de verdad necesitas pedirle por *e-mail* esa receta a tu vecina? Acércate caminando y pídesela de palabra.
Videojuegos.	1.950 pasos de juegos de *verdad*.	Reemplaza 15 minutos con cualquier juego activo al aire libre, desde el tejo hasta la comba.
Navegar por Internet.	3.000 pasos (30 minutos) yendo de compras reales, no virtuales.	La Red es un milagro informático, pero un desastre para los niveles de actividad de la humanidad, ahora que podemos comprar, investigar y entretenernos, y todo sin despegar la rabadilla del asiento.

4. Distribuye los días de totales grandes. Evita llegar al jueves y notar que tu recuento es demasiado bajo para la semana. Amontonar varios días con recuentos de pasos mayores de lo normal puede ser duro para tu cuerpo y para tu programa. Distribúyelos por razones de variedad y de descanso.

5. Presta atención a tu cuerpo. Si te sientes cansado o tienes agujetas de caminar, echa un poco el freno. Si no te sientes motivado, prueba a saltar a la prescripción para la semana siguiente.

6. Camina a diario. Sí, ya lo hemos dicho, pero merece la pena repetirlo. Divide las caminatas en minipaseos de 10 minutos si te sirve de ayuda, y busca otras maneras de mantenerte activo cada día.

Programa para la tercera semana

Sin duda ahora ya tienes clara la rutina: ponerte el podómetro nada más levantarte de la cama, quitártelo al final del día, tomar nota de tus pasos y poner el podómetro a cero. Ya te estás haciendo también

 PASOS HACIA EL ÉXITO

Los podómetros pueden ayudar a todo el mundo

Si perteneces a un grupo étnico con tasas de obesidad más elevadas, ¿siguen siendo suficientes 10.000 pasos? Algunos investigadores se lo plantearon también, y descubrieron que la respuesta es sí, al menos en parte. Un estudio dirigido en 2003 por la epidemióloga Melicia Whitt y sus colegas en la Facultad de Medicina de la Universidad de Pensilvania observaron los índices de pasos de mujeres afroamericanas, que tienen una tasa de obesidad de casi un 50 por ciento, en comparación con el 31 por ciento de otros adultos estadounidenses. Midiendo y comparando los pasos dados al día, Whitt descubrió que las afroamericanas que estaban en su peso daban una media de 9.997 pasos al día, mientras que las que padecían sobrepeso daban 7.595, y las obesas daban una media de 6.210. Estas cifras sugieren que 10.000 pasos al día es una meta bien ajustada —o al menos un buen objetivo inicial— para que las mujeres afroamericanas logren también tener un peso saludable.

idea de lo que tiende a añadir pasos a tu jornada y de lo que tiende a quitarlos. Incluso puede que reconozcas que se está desarrollando un patrón semanal. Algunas personas encuentran los fines de semana más activos, gracias a las tareas de la casa y el ocio; otros descubren que es cuando se relajan. Si todavía no lo haces, ésta es una buena semana para empezar a mirar tu podómetro a lo largo de la jornada. Por supuesto, no tienes que obsesionarte con ello. ("¡Vaya por Dios! Ya es mediodía y estoy sólo en 3.200 pasos. Mejor me salto ese trasplante de riñón que tenía programado y me pongo en cambio a caminar.") Pero descubrirás que supervisar tus progresos puede estimularte durante todo el día a conseguir tu meta, y no siempre introduciendo como buenamente puedes otros 2.000 pasos a las 9 de la noche (a menos, claro está, que sea cuando te guste darte un paseo).

ÉXITOS DEL PODÓMETRO

Kathy descubre que un paseo corto de más es lo que le funciona

Kathy Riordan, ex estrella de baloncesto universitario que llegó en su día a anotar 49 puntos en un partido, anota más pasos que canastas en la actualidad. Kathy, gerente de oficinas de Knoxville, Tennessee, de 60 años de edad, oyó hablar de los podómetros cuando se ofreció como voluntaria para un estudio en la Universidad de Tennessee. Dos años más tarde y con tres kilos y medio menos, todavía sigue llevando puesto el suyo.

El edificio de sus oficinas tiene casi las dimensiones de un campo de fútbol, y aunque anda tanto como puede en el trabajo, Kathy dice que esto por sí solo no es suficiente. Pero si se cambia de zapatos y se junta con una o dos compañeras de trabajo y camina a paso ligero por el recinto de la empresa a la hora de comer, consigue una buena sesión de unos 30 minutos. Añadir este paseo de 3.000 pasos o más significa que normalmente puede alcanzar los 10.000 pasos al final de la jornada. Otros días, camina en casa después del trabajo, con su marido, durante 30 minutos por su barrio, y consigue casi 4.000 pasos. También hacen marchas más largas, de 90 minutos, por senderos y parques. "Me gusta el aspecto de alternar, y resulta mucho más fácil con un amigo", dice. "Y tengo más energía cuando hago ejercicio."

Suponiendo que no estés todavía en el nivel de 10.000 pasos al día, saca la media de tus totales diarios de la Segunda Semana, y luego vuelve a incrementar la meta diaria para la Tercera Semana en un 20 por ciento. Si los saltos de un 20 por ciento te resultan demasiado desafiantes, redúcelo a un aumento de un 10 por ciento, o simplemente mantén tus niveles de pasos estables durante una o dos semanas mientras tu nuevo nivel de actividad se convierte en hábito. Pero no pierdas de vista ir incrementando con el tiempo hasta al menos el mínimo de 10.000 pasos al día.

Si, por otro lado, ya estás en el nivel de 10.000 pasos, puedes sencillamente tratar de mantenerlo y ver qué tal te va. Sin embargo, si perder un peso considerable es una meta seria, no te contentes necesariamente con 10.000 al día. Éste es un excelente punto de partida, pero si insistes en perder kilos más rápidamente, tienes que considerar la posibilidad de fijarte como objetivo 12.000 pasos al día o más. Y si la pérdida de peso es realmente tu centro de atención, no infravalores la importancia de una dieta equilibrada y moderada para tu éxito a largo plazo. No obstante, 10.000 pasos es un excelente objetivo mínimo, siendo los beneficios probablemente mayores a totales de pasos más elevados.

Una reflexión final: está bien empezar a pensar ahora en tu meta semanal, además de la diaria. Lo encontrarás especialmente útil durante una semana en que tengas un día insólitamente bajo —pongamos que tuviste que salir más tarde del trabajo, o hacer de chófer para los niños durante toda la tarde—. Añadiendo pasos en otros dos o tres días, todavía puedes alcanzar tu meta de la semana, y así mantener tu *media* de pasos diarios.

Diario de pasos de la tercera semana

Número de pasos	¿Algo especial hoy?
Lunes	
Martes	
Miércoles	
Jueves	
Viernes	
Sábado	
Domingo	
Total Semanal	

Media diaria: _____
(total de pasos semanales dividido por 7)
Meta diaria para la semana próxima: _____
(media diaria x 1,2, para aumentar un 20 %)

Cuarta semana

Aumentar el total de pasos

Ahora ha empezado de verdad la marcha. Probablemente hayas conseguido añadir fácilmente algunos pasos aprovechando las oportunidades que yacían ocultas bajo tu ajetreado estilo de vida. La cuestión verdadera es si puedes encontrar esas formas inteligentes, y quizás un poco más estimulantes, de añadir actividad a tus jornadas. La clave ahora puede ser convertirlo en un esfuerzo más consciente: decidir no coger el coche aunque signifique que tengas que acordarte de la mochila y la lista de la compra para poder recoger los comestibles de camino a casa, o levantarte un poco antes por la mañana para caminar a paso ligero antes de llevar a los niños al colegio. Esta semana queremos sugerirte que simplemente salir a dar una vuelta puede ser una de las formas más sencillas y eficaces de añadir pasos. Sigue nuestro consejo y descubrirás que es también una de las más divertidas.

Añadir paseos a tu semana

Dados tus crecientes objetivos de pasos, incrementar simplemente pasos extras aquí y allá a lo largo de la semana puede que no sea suficiente. Es probable que hayas empezado con el pie derecho y tengas una conciencia mucho mayor de lo activo o sedentario que eres, y es de esperar que te hayas desprendido de algunos de esos hábitos más letárgicos (dos horas de TV cada noche) y los hayas reemplazado por opciones más enérgicas (un "paseíllo" con el perro después de cenar). Pero ¿cómo sigues añadiendo un 20 por ciento a tu meta de pasos diarios?

Un método es añadir tandas más largas de actividad, algo especialmente útil en vista del hecho de que la meta general es hacer un promedio de una cierta cantidad de actividad durante la semana. Ésta es la cuestión: si tienes varias jornadas ocupadas cuando tus recuentos de pasos son menores (algo que nos pasa a todos), necesitarás introducir algunos paseos conscientes más largos para compensarlo. He aquí tres excelentes maneras de hacerlo que no sólo son muy sencillas, sino también realmente agradables:

1. Inicia o entra en un grupo o club de aficionados a caminar.
2. Inscríbete y entrena para una marcha (o carrera) popular o de competición.
3. Planifica y prepárate para una marcha de medio día o aún más larga.

La pandilla al completo

Caminar es con gran diferencia la actividad física más popular en Estados Unidos, y están surgiendo clubes y grupos como setas. Van de divertidos a formales, de informales a competitivos. Y son retoños de una variedad sorprendentemente amplia de organizaciones y entidades. He aquí una lista rápida de sitios donde puedes buscar

ÉXITOS DEL PODÓMETRO

Laura hace que perdure socializándolo

Como matrona, la enfermera Laura Bassett, de 43 años de edad, de Knoxville, Tennessee, pasa mucho tiempo de pie. Llevando podómetro durante un año para seguirles la pista a sus pasos, descubrió que daba de media 11.740 pasos al día en las jornadas laborables. Para asegurarse de que hace suficiente ejercicio los días en que no está de guardia, Laura camina con regularidad. Como es una persona muy sociable que prefiere estar con otras personas cuando hace ejercicio, cinco amigas y ella iniciaron el Grupo de los Almuerzos. Cuando todos sus hijos eran pequeños, las madres se dividían en grupos; un grupo se ocupaba de los niños mientras las demás caminaban; luego cambiaban de papel. Catorce años más tarde, todos sus hijos ya van al colegio, pero las mujeres todavía se reúnen para dar paseos de 5 kilómetros y almorzar.

algún programa para andar en grupo en tu zona. Si no tienen uno ya, a muchos les encantaría acoger a un grupo de estas características si estás dispuesto, sencillamente, a tomar la iniciativa:

- Clubes de salud y *fitness*, locales de asociaciones juveniles. Cada vez son más comunes los programas de caminar en centros que antes se concentraban en clases y ejercicio bajo techo.
- Hospitales, centros de salud, clínicas, centros para el bienestar y cuidado de la salud (*wellness centers*) y centros de rehabilitación. Caminar es la actividad favorita para la rehabilitación cardiaca, pero cada vez más programas de salud contemplan el valor de fomentar las caminatas para prevenir costosas enfermedades, como la diabetes. Tu compañía de seguros médicos es posible que incluso incluya entre sus prestaciones la participación en tales programas.
- Concejalías de Parques y Jardines, de Educación y Cultura. Muchos ayuntamientos usan sus senderos y servicios como base para innovadores programas de caminar, a veces combinando paseos o caminatas y educación medioambiental.

PASOS HACIA EL ÉXITO
Subvenciona tu grupo

He aquí una idea de locos: mientras caminas, estate atento a los objetos de valor que puedas encontrar por el camino. De acuerdo, en realidad esto no ayudará a un grupo a ponerse en marcha, pero el marchador Carl Schueler, que ha participado en cuatro olimpiadas, ha ido acumulando casi un juego entero de llaves vaso con sus puntas recogido de la carretera y con las monedas que ha encontrado, gracias a su vista de águila, calcula que ya tiene para mandar a su hija a la universidad. (Bueno, casi.) Tal vez puedas ayudar a financiar el picnic del club con lo que encuentres.

- Lugares de trabajo. A los empresarios les encanta tener empleados más activos —las investigaciones demuestran que son más productivos y sanos, y que disminuye el absentismo— y en Norteamérica muchas empresas lanzan programas formales de salud y bienestar utilizando podómetros.
- Grupos ecologistas. Muchos consideran que compartir y explorar las zonas naturales es una forma de ayudar a aumentar el número de personas que valoran estos lugares tan especiales y a protegerlos.
- Centros de mayores y centros comunitarios. Los programas para personas mayores se concentran cada vez más en ayudar a los estadounidenses que están envejeciendo a mantener estilos de vida físicamente activos y, por tanto, independientes.

- Sociedades para la protección y conservación del patrimonio histórico, jardines botánicos. Los grupos comunitarios a menudo reconocen que la mejor manera de compartir su patrimonio, desde propiedades de valor histórico hasta jardines botánicos, es con visitas guiadas a pie. Haz de guía turístico, ¡y verás cuántos pasos acumulas!

- Asociaciones de vecinos, círculos de lectores, etc., o cualquier otro tipo de club que puedas imaginar. De hecho, cualquier grupo que se reúne para hablar puede reunirse para caminar; ¡además, a lo mejor descubrirían que así les cunde mucho más el tiempo!

Si decides reunir un grupo para caminar, no te condenes de antemano al fracaso complicándolo mucho. Concéntrate en unas cuantas cosas sencillas para empezar:

- Fija una hora y un lugar donde os encontréis regularmente para caminar, y no dejes que las condiciones atmosféricas os disuadan. Adquirid el hábito de caminar llueva o truene; los que puedan ir, lo harán. Si es posible, reúne direcciones de correo electrónico: facilitan mucho la comunicación con el grupo.
- No inviertas mucho tiempo en preocuparte de establecer reglas y cuotas. Algunos de los grupos que más éxito han cosechado tienen una estructura mínima. Una salida en grupo de vez en cuando (pongamos un desayuno después de una caminata el sábado por la mañana) y echar una mano para hacer camisetas o sombreros propios del grupo (siempre una oportunidad de gran creatividad artística) puede ser todo lo que necesites.
- Anima a los miembros a caminar en grupos de aptitudes y estado de forma similares. Los "velocistas" pueden sentirse frustrados si se ven atascados en un grupo de locuaces; un principiante tal vez se desanime si cae en un grupo de fanáticos del *fitness*.

La verdadera clave, por supuesto, es divertirse. Salir con gente de ideas afines y convertirlo en hábito regular es en realidad todo lo que supone.

Preparados, listos, ¡ya!

Inscribirse para una caminata o marcha popular o deportiva puede proporcionar un doble incremento para tus totales de pasos: la marcha o caminata ya es en sí un gran acumulador de pasos, pero es aún

 DICHO SEA DE PASO

El ejercicio físico número uno de Estados Unidos

Caminar es la forma de ejercicio físico más popular de ese país, según un estudio del Centro Nacional de Estadísticas sobre la Salud, de EE. UU. La tabla de abajo enumera los porcentajes de estadounidenses adultos que informaron que habían hecho cada una de las actividades en un período previo de dos semanas. Y aunque predomine el caminar, no es desde luego tu única opción; aunque no seas un ferviente andarín, tu podómetro registrará la mayor parte de estas actividades (con la excepción de la natación y los deportes acuáticos). Montando en bicicleta es bastante más difícil; pero, si te pones el podómetro en el calcetín o los cordones, ello proporciona una indicación bastante precisa de tus pedaladas, lo cual es una excelente manera de conseguir crédito por otra excelente actividad física.

¿Son muy activas las actividades favoritas de Estados Unidos?

Actividad	Popularidad (% de adultos participantes)	Calorías consumidas normalmente en 30 min	Pasos dados normalmente en 30 min
Caminar a ritmo moderado	44,1	136	3.467
Caminar a paso ligero	(incl. arriba)	180	4.050
Trabajar en el jardín (p. ej., cortar el césped)	29,4	186	2.910
Ejercicios de estiramiento (p. ej., yoga)	25,5	85	96
Montar en bicicleta (o bicicleta estática)	15,4	204	2.877
Levantamiento de pesas u otros ejercicios de gimnasia	14,1	205	402

más valioso el incentivo que proporciona de antemano. Al andar para ponerte en forma (y debes hacerlo) para una caminata de 5 o 10 kilómetros, los pasos se irán sumando.

Actividad	Popularidad (% de adultos participantes)	Calorías consumidas normalmente en 30 min	Pasos dados normalmente en 30 min
Subir escaleras	10,8	330	2.800
Correr a ritmo moderado	9,1	341	4.725
Aeróbic	7,1	290	2.564
Nadar para hacer ejercicio	6,5	306	0
Tenis	2,7	239	2.276
Bolos	4,1	102	651
Golf	4,9	102	956
Béisbol o *softball*	3,5	171	1.192
Balonmano, *racquetball* o *squash*	1,6	239	2.018
Esquí de fondo	0,4	396	3.006
Baloncesto	5,8	282	2.730
Fútbol	0,9	239	2.493
Otras actividades, incluyendo:	5,7		
Bádminton		153	1.326
Baile de salón (*fox-trot*)		102	1.233
Patinaje artístico		188	584
Tai chi		136	100

La mayoría de los recuentos de pasos y cálculos calóricos provienen de la investigadora Jenny Oliver, que hizo llevar podómetros durante diversas actividades a 287 estudiantes de la Universidad de Tennessee. Sus descubrimientos confirman que algunos deportes, como el patinaje artístico o el entrenamiento con pesas, no requieren muchos pasos aunque consumen muchas calorías. Pero, en general, como cabría esperar, las actividades más agotadoras requieren más pasos que las menos vigorosas.

Existe un despliegue creciente de caminatas populares y deportivas entre las que elegir, desde "paseos divertidos" de 1 o 2 kilómetros a ritmos de marcha atlética hasta competiciones formales de 50 kilómetros. Así que aquí tienes un resumen para ayudarte a elegir la distancia adecuada para ti.

Novatos: de 2 a 5 kilómetros

Las caminatas cortas son perfectas si no has participado nunca en una de estas pruebas, porque no requieren demasiado entrenamiento, y te permiten hacerte idea de detalles tales como las inscripciones o marcarte tu propio ritmo sin riesgo de problemas graves. Son ideales si das de media entre 5.000 y 8.000 pasos al día. Una prueba de 5 kilómetros es también excelente si estás trabajando para mejorar tu velocidad y quieres un esfuerzo corto y rápido.

De los 8 a los 10 kilómetros

Se trata de distancias muy comunes, y cualquiera que pueda caminar de 75 a 90 minutos con relativa facilidad no debería tener ningún problema. Muchas carreras que llevan asociadas marchas son de estas distancias, y por tanto son excelentes para poner a prueba tu forma física: desde luego, habrá otras personas caminando a tu velocidad, más o menos. Además, ¡en muchas de estas pruebas el avituallamiento es excelente y hay entrega de premios al finalizar!

Pruebas de resistencia: de los 16 kilómetros a la media maratón (21 km)

Se requiere un esfuerzo de medio día para las marchas y caminatas de distancias superiores a los 16 kilómetros, y también cierta entrega para entrenarse con vistas a ellas. No obstante, siguen siendo lo suficientemente cortas para poder prepararlas con paseos ocasionales más largos (de dos horas, o más de 14.000 pasos) y un par de caminatas de menor distancia, pero más rápidas, a la semana. Resérvate estas distancias hasta que

DAR MÁS PASOS

Inscríbete para una prueba benéfica y lleva a un amigo contigo. Entrénate con tiempo.

seas un caminante de gran dedicación seis días a la semana que pueda andar dos horas y media de un tirón, y cuentes en tu haber con un mínimo de dos o tres meses ininterrumpidos de caminar a este nivel.

Pruebas de largo recorrido: 30 kilómetros, maratón (42,195 km) y 50 kilómetros

No son tan descabelladas como podría pensarse. De hecho, grupos benéficos, como la Leukemia Society o la Arthritis Foundation (sociedades estadounidenses para la lucha contra la leucemia y la artritis, respectivamente) entrenan al año a cientos de personas que caminan con regularidad, para que puedan acabar con éxito una maratón (fácilmente 48.000 pasos o más). Se trata de pruebas que pueden resultar enormemente gratificantes, pero también exigen la preparación más exigente. Afronta una

maratón sólo si caminas a diario, te has entregado a varias sesiones duras de entrenamiento a la semana durante más de cuatro meses, y has llegado a hacer hasta cuatro horas y media o más en tus esfuerzos semanales más largos. Es posible que eso no te permita hacer un tiempo impresionante, pero será suficiente para acabar el maratón con seguridad y dignamente.

Ultradistancias: a partir de los 80 kilómetros

Pues sí, hay marchas así de largas. Acabar una prueba de 80 kilómetros podría exigir 100.000 pasos y más de 12 horas, pero aún hay marchadores que aspiran al reto definitivo de convertirse en "centuriones", recorriendo 100 millas (161 km) en menos de 24 horas. (Existen también caminatas y marchas de larga distancia de varios días que son menos sobrecogedoras.) Pero ni siquiera te plantees estas pruebas a menos que te hayas dedicado por completo a un serio entrenamiento durante un mínimo de seis meses (e incluso entonces, has de saber que las pruebas de estas distancias pueden dejar a atletas bien

PASOS HACIA EL ÉXITO

¿En qué tipo de prueba debería participar?

¿No estás seguro de la clase de prueba para la que estás preparado? Deja que esta tabla te ayude a barajar las opciones.

Tipo de prueba	Excelente para...	Pero atención a que...
Marchas populares. Normalmente de 10 km, sobre un recorrido marcado, con horas de salida abiertas.	Tipos no competitivos, a quienes les apetezca ir como les plazca y sólo traten de llegar a la meta.	Son muy informales, y sus recorridos se desarrollan en escenarios que pueden ser espléndidos o de lo más prosaico. Infórmate *online* de antemano.
Marchas benéficas y para apoyar alguna buena causa. Pruebas normalmente muy patrocinadas y formales, que van de los 2 a los 100 km (para marchas de varios días).	Quienes quieran apoyar una causa y caminar con muchas personas de ideas afines. Normalmente se ofrecen premios y bolsas con avituallamientos.	Es posible que se exija un donativo específico e incluso sustancioso, y la prueba puede estar dominada por la causa que la motiva.
Promociones de puesta en forma y salud. A menudo patrocinadas por hospitales y/o organizaciones para el mantenimiento de la salud; son típicas las distancias de 5 y 10 km.	Cualquiera que busque mucha información e inspiración para llevar un estilo de vida más saludable.	Pueden resultar un poco sermoneantes (¿cuánto más quieres seguir oyendo sobre las enfermedades cardiacas?).
Carreras. La mayoría de las carreras por carretera tienen secciones formales o informales de marcha atlética y para caminantes.	Personas que confíen en caminar rápido y hacerlo lo mejor que puedan en un recorrido medido con precisión que será un buen test de forma física.	Los caminantes pueden ser tratados como ciudadanos de segunda clase, empezando más tarde y quedando excluidos del sorteo de premios (consulta el formulario de inscripción para estar seguro).
Marchas atléticas. Organizadas por clubes locales, la mayoría de las pruebas contemplan una amplia gama de marchadores, desde principiantes y veteranos hasta competidores serios.	Cualquiera que busque formación en marcha atlética; este grupo de atletas fraternal, de gran dedicación y a menudo estrafalario, te llevará en volandas.	La técnica es bastante difícil, y en verdaderas pruebas los jueces pueden descalificarte; aun así, los principiantes son tratados calurosamente, y a menudo sólo les informan, no los descalifican.

preparados enteramente hechos fosfatina). ¿Y la otra cara de la moneda? Una marcha o caminata de esta distancia es un logro extraordinario, y entrenarte para ella te pondrá probablemente en la mejor forma que hayas tenido en la vida. Trata de tener unos cuantos maratones a tus espaldas antes de plantearte la posibilidad de participar en una prueba de ultradistancia.

Senderismo: hacer camino al andar

¿Quieres toda la diversión de acumular pasos, una inyección de beneficios de *fitness,* un cambio de escenario y tal vez también una pizca de aventura? Si es así, entonces es hora de plantearte una excursión. Una marcha larga de fin de semana puede mejorar mucho tu total de pasos semanal, pero incluso un paseo tranquilo y sin prisas a mitad de semana por un parque natural cercano puede proporcionarte un entorno distinto, un nuevo reto y un cambio siempre de agradecer respecto a tus rutinas de los días laborables. Además, por su propia naturaleza, el excursionismo es más sociable, proporcionando la oportunidad de invertir (¿nos atrevemos a decirlo?) tiempo de calidad con los amigos y la familia.

Si no sabes cómo elegir una marcha, consulta los grupos excursionistas de tu localidad o comarca. Aunque no te encuentres cerca de ninguna montaña, es probable que tengas un parque natural o sistema de senderos establecidos cerca de casa. Para otras sugerencias, charla con amigos, empleados de tiendas de aire libre y guías. Mientras meditas sobre tus opciones, piensa en lo que pueda motivarte. Después de todo, elegir un destino con una compensación, como, por ejemplo, una cima, un punto panorámico o una cascada, puede ser ya la mitad de la diversión.

ÉXITOS DEL PODÓMETRO

Encuentro con una fuente viva de la juventud

Durante una marcha de 21 km para subir al monte Cammerer en el Parque Nacional de las Great Smoky Mountains, situado entre Tennessee y Carolina del Norte, David Bassett, uno de los coautores, conoció a un dinámico hombre de 68 años de Pensilvania. Caminaron juntos y charlaron durante el descenso desde la torre de vigilancia de piedra que hay en la cima, y el anciano le explicó que aumentar su actividad le había cambiado la calidad de vida. Poco antes de jubilarse, se había hecho un examen físico completo, incluyendo un test en tapiz rodante (cinta continua), y los resultados fueron aproximadamente los normales para su edad.

Dos años más tarde, después de aumentar su dedicación a caminar, se sometió a otro test en tapiz rodante. Su médico se quedó anonadado al verle atacar sin cansarse un grado agotador del tapiz rodante sin romper a sudar, y no se podía creer que alguien pudiera invertir los efectos del envejecimiento hasta tal extremo. Cuando David se separó de él porque tomaban caminos distintos en la señal de las 12 millas, el vejete iba prácticamente esprintando cuesta arriba por el sendero lateral hacia otro punto de observación. "Si no contemplo hoy la vista, tendré que volver mañana", gritó. La lección es sencilla: el ejercicio puede o no añadir más años a tu vida, pero desde luego añade más vida a tus años.

Vayas donde vayas, he aquí unos cuantos principios que te ayudarán a disfrutar más del camino y te dejarán entusiasmado para volver a hacerlo de nuevo. Después de todo, ¿no es de eso de lo que se trata?

- Date unos sorbos de agua y pica comida con frecuencia. Bebe agua cada 15 minutos si tu paseo durará más de una hora; los refrigerios son imprescindibles para proyectos de más de dos horas.
- Establece un ritmo moderado, pero constante. Detente tanto como lo necesites para comer y beber, pero no te entretengas. El cuento de la liebre y la tortuga no es nunca tan aplicable como en una marcha por senderos. Un paso constante y moderado cubrirá más terreno que apresurados accesos seguidos de largas interrupciones para recuperarse. También será mucho más agradable.

- Levanta a menudo la vista del camino. No te limites a bajar la nariz y apretar los dientes; levanta mucho la cabeza para ver adónde vas y dónde has estado: probablemente te sorprendas a ti mismo. Llévate una cámara; disfruta de las vistas.
- En grupo, dejad que el caminante más lento establezca el ritmo. Si es excesivamente lento para algunos de vosotros, dividíos en grupos más pequeños de capacidad similar y quedad en reuniros a intervalos (pongamos, cada 45 minutos) para hacer una parada y comer algo. No dejéis que alguien acabe totalmente solo detrás del grupo: puede no ser nada divertido, e incluso resultar peligroso.
- Establece una hora de vuelta. Calcula la mitad del tiempo total que quieres caminar y establécelo como hora del regreso. Después está lo más duro: atente a esa hora, aunque no hayas llegado a tu meta. El pico, cascada o panorama seguirán allí para otra excursión: tu tarea consiste en asegurarte de que tú también estarás.

Mejora todos los paseos y caminatas: calentamientos y enfriamientos

Los calentamientos y enfriamientos no son sólo para atletas de alto nivel. A medida que añadas pasos a tu jornada y distancia a tus paseos, encontrarás útil incluir también cortas sesiones de calentamiento y enfriamiento. Los ejercicios previos a caminar abajo incluidos te ayudan a incrementar gradualmente la circulación sanguínea en tus músculos y articulaciones y a reducir el riesgo de lesiones. En definitiva: caminarás más cómodamente y lo disfrutarás más.

Al final del paseo o caminata, ralentiza el ritmo unos minutos. Esta reducción paulatina ayuda a evitar los calambres musculares y la sensación de mareo que pueden presentarse cuando tu organismo no aporta sangre gradualmente a su segmento somático central (abdomen/lumbares). Termina con unos cuantos estiramientos mientras tus músculos estén calientes y moldeables, para mantener la flexibilidad y reducir las probabilidades de lesión. Y luego dicen que no es barato: consigues todas estas mejoras del rendimiento y del riesgo de lesiones por una inversión total de 10 minutos.

Tabla de cinco minutos de calentamiento

Estos ejercicios deben resultar cómodos y realizarse sin forzar. Si es necesario, apoya una mano en algo para mantener el equilibrio.

- **Círculos con los tobillos.** Ponte de pie sobre una sola pierna y separa el otro pie del suelo. Flexiona lentamente ese tobillo en toda su amplitud de movimiento, describiendo círculos grandes con la punta del pie, pero moviendo sólo la articulación del tobillo, no la pierna. Haz de seis a ocho círculos en cada dirección, y luego cambia de pie y repite.
- **Oscilaciones de pierna.** Ponte sobre una sola pierna, y haz oscilar la otra de delante atrás, dejándola suelta desde la cadera. Debe ser un movimiento relajado y sin forzar, como la oscilación de un péndulo y, al oscilar, el pie no debe separarse del suelo más de unos 30 cm. Haz de 15 a 20 oscilaciones con cada pierna.
- **Circunducciones pélvicas.** Ponte las manos en las caderas con las rodillas "sueltas" (ligeramente flexionadas) y los pies separados entre sí la anchura de los hombros. Mantén erguido el tronco y haz 10 círculos continuos lentos con las caderas, empujándolas suavemente hacia delante, la izquierda, atrás y la derecha. Luego invierte la dirección y repite.
- **Círculos con los brazos.** Mantén ambos brazos extendidos lateralmente, formando con tu cuerpo la letra T. Haz de 10 a 12 círculos lentos hacia atrás con las manos, empezando con círculos pequeños y acabando con grandes, usando todo el brazo. Sacude los brazos y luego repite con 10 o 12 círculos lentos hacia el frente, empezando también con círculos pequeños y aumentándolos poco a poco.

- **Saltos *hula-hoop*.** Empieza saltando sobre el sitio (sin desplazamiento) con ambos pies. Mantén la cabeza y los hombros vueltos hacia el frente, y gira los pies y la parte inferior del cuerpo a la izquierda y luego a la derecha, alternando, en saltos sucesivos. Salta de 15 a 20 veces, mirando al frente pero girando las caderas y piernas a la izquierda y la derecha en saltos alternos.

Mark Fenton cree que bien vale la pena parecer un tontorrón por el excelente calentamiento de todo el cuerpo de los saltos hula-hoop.

- **Arriba, de lado, atrás, abajo.** Excelente como calentamiento, pero ideal también si alguna vez has sufrido dolores de espinillas al caminar. En posición erguida, con los pies separados entre sí la anchura de las caderas, tuerce los pies disponiéndolos en cuatro posiciones y manteniendo cada una mientras cuentas hasta dos. Comienza con 6 repeticiones, pero ve incrementando hasta hacer series de 10 o 15.

  Arriba. Ponte de puntillas, con los talones lo más altos posible.

  De lado. Rota lateralmente los pies para ponerte sobre su borde externo elevando los bordes internos.

  Atrás. Ponte sobre los talones, manteniendo los antepiés lo más altos posible.

  Abajo. Descansa, con los pies bien plantados en el suelo.

Tabla de cinco minutos de estiramientos para después de la caminata

Es posible que no hayas tenido nunca la flexibilidad de una *prima ballerina,* pero aún así merece la pena hacer tan sólo unos minutos de estiramiento después de cada paseo o caminata, cuando tus músculos están más calientes y elásticos. Eso basta para mantener tu movilidad y una saludable amplitud de movimiento durante toda una vida de actividad. También es probable que reduzca la posibilidad de lesiones. He aquí cuatro estiramientos sencillos, para hacer de pie, que puedes realizar en cualquier lugar y en cualquier momento después de un paseo o caminata.

Haz lentamente todos estos estiramientos, nunca hasta el punto de que resulten incómodos, y mantén cada uno durante seis a ocho respiraciones lentas y profundas. Imagínate soltando tensión muscular con cada espiración profunda. Empieza cada estiramiento en posición erguida y, si es necesario, no te importe apoyar una mano en algo para mantener el equilibrio. Si tienes tiempo, realiza el ciclo dos veces.

- **Estiramiento de la pantorrilla y la cadera.** Da un paso gigante al frente con el pie izquierdo. Flexiona la rodilla izquierda de manera que la espinilla izquierda se halle vertical (pero no la adelantes superando el pie) y mantén el talón derecho sobre el suelo y la pierna derecha estirada por detrás de ti. Yérguete bien, extendiendo la coronilla hacia el cielo, y mantén los músculos abdominales suavemente contraídos de manera que tu espalda no se arquee excesi-vamente. Debes sentir el estiramiento tanto en la espinilla como *también* en la cadera derecha. Mantén el estiramiento durante varias respiraciones profundas. Luego cambia de piernas y repite.
- **Estiramiento de la espalda y los flexores de la pierna.** Da un pequeño paso al frente con el pie izquierdo, estira la pierna

izquierda y levanta la punta del pie. Mantén el pie derecho bien plantado en el suelo, flexiona ligeramente la rodilla derecha, atrasa un poco las caderas y flexiona el tronco a partir de ellas. Mantén plana la espalda y el pecho abierto, y siente el estiramiento en la espalda y la cara posterior del muslo izquierdo. Mira la punta del pie derecho, tirando de ella hacia arriba para aumentar el estiramiento, o soltándola para reducirlo. Mantén el estiramiento durante varias respiraciones profundas. A continuación cambia de piernas y repite.

- **Estiramiento de la espinilla y el muslo.** Agárrate la punta del pie derecho con la mano del mismo lado, y tira suavemente del pie hacia arriba por detrás de ti, manteniendo la rodilla derecha dirigida hacia el suelo. El talón no tiene por qué llegar a las nalgas: simplemente tira hasta el punto de sentir un suave estiramiento en la cara anterior del muslo, la cadera y la espinilla. Mantén el estiramiento durante varias respiraciones profundas. A continuación cambia de piernas y repite.
- **Hombros y espalda.** De pie bien erguido, dirige tu brazo izquierdo hacia el cielo, y después flexiona el codo izquierdo de manera que tu mano se halle detrás de la cabeza. Agárrate el codo izquierdo con la mano derecha y tira suavemente hacia ese mismo lado. Mantén el estiramiento durante seis respiraciones lentas. Cambia de brazos y repite.

PASOS HACIA EL ÉXITO
Medición del kilometraje en senderos

Cuando se va de excursión, un podómetro que señale tanto los pasos como la distancia puede resultar útil en senderos donde los postes indicadores estén muy alejados entre sí. No cabe esperar una precisión a toda prueba: la longitud de zancada cambia cuando se suben y bajan pendientes y se pisa suelo irregular. Pero en mejores caminos con terreno mixto, un podómetro puede calcular con fiabilidad distancias hasta con tan sólo un 5 o 10 por ciento de error respecto a los valores que los letreros del sendero reflejen. Combinado con mapa y brújula y un buen dominio de las técnicas de orientación, esos cálculos con podómetro pueden ayudarte a medir tu marcha y saber en todo momento dónde te encuentras.

Cómo elegir calzado de *trekking*

A menos que estés planeando una aventura de varios días o lleves a la espalda una pesada mochila con el material para pasar la noche, la mejor opción es un par de las que suelen llamarse botas ligeras o zapatillas de *trekking*. Se presentan en tres estilos: de caña baja, media y alta. Las de caña alta ofrecen mayor cobertura y soporte, pero suelen ser algo más pesadas y calurosas que los modelos de caña baja. He aquí lo que hay que ponderar:

- **Ajuste.** Se trata de la prioridad número uno. Lo que se siente un poquito holgado en la tienda puede convertirse en una ampolla gigante después de una hora de camino. Al andar, el talón no debe resbalar dentro del calzado, y los dedos del pie no deben jamás tocar la punta. Si en la tienda hay rampa, sube y baja por ella, o comprime bien los pies en una superficie enmoquetada para asegurarte de que los dedos no se aplasten al bajar una cuesta. Las botas o zapatillas no deben apretar en la parte más ancha del pie, especialmente al darte impulso.

- **Protección de la planta del pie.** Las suelas gruesas y con dibujo protegen los pies de las rocas y raíces que puedas pisar. Ten presente que una suela más robusta ofrece mayor protección, pero normalmente al precio de mayor peso y rigidez.

PASOS HACIA EL ÉXITO

10 artículos esenciales para tu mochila de una jornada

Tanto si tienes planeado pasar un par de horas recorriendo una senda de interpretación de la naturaleza por un bosque cercano o dedicar una jornada a afrontar una cumbre, juega sobre seguro metiendo estos artículos en la mochila. Si el excursionismo se convierte en hábito, deja los artículos 3 a 10 en la mochila siempre listos para partir.

1. Agua. Suficiente para la excursión, más una botella extra.
2. Comida. Almuerzo, más algunos alimentos energéticos (cacahuetes, una barrita energética, chocolate).
3. Ropa adecuada a las condiciones atmosféricas. En verano, mete un gorro, filtro solar y repelente para insectos. En primavera u otoño o si te diriges a altitudes mayores, lleva un chubasquero o chaqueta para lluvia y prendas de abrigo.
4. Botiquín. Un surtido mínimo incluye aspirinas y paracetamol, varios tamaños de esparadrapo y apósitos, desinfectante, vendas elásticas, venda inelástica adhesiva e imperdibles.
5. Mapa del sendero y brújula. Si vas a caminar más de un par de kilómetros o a salirte de los senderos marcados, asegúrate de saber cómo usar el mapa y la brújula.
6. Silbato. Tres fuertes pitidos seguidos de una pausa es la señal universal de petición de auxilio.
7. Tabletas potabilizadoras (generalmente yodo).
8. Una navaja. Lo ideal es un modelo con abrelatas, destornillador, pinzas y tijeras.
9. Mechero (o por lo menos cerillas secas) e iniciador de fuego para prender una fogata de emergencia.
10. Linterna pequeña o frontal y baterías de repuesto. Si te atrasas respecto a tu programa, esto puede ser lo que te devuelva al coche sin un esguince de tobillo.

- **Soporte para el tobillo.** Si tienes los tobillos débiles, estás superando terreno difícil o llevas una mochila pesada (por ejemplo, si llevas todos los almuerzos, el material de emergencia y más cosas), la mejor opción es una bota de caña alta. Los modelos de media caña y caña baja están diseñados para senderos suaves y terreno más moderado.

- **Impermeabilización.** Merece la pena la inversión en Gore-Tex y otros materiales impermeables para condiciones de frío y humedad constantes. Pero para campos cubiertos de rocío y la ocasional mojadura en un arroyo o una llovizna, puedes apañártelas sin ellos, y tus pies estarán mucho más frescos.
- **Tracción.** Tanto la blandura de la goma como la profundidad del dibujo entran aquí en juego. Los materiales más blandos ofrecen un excelente agarre en rocas resbaladizas y suelo parecido, pero se desgastan con mayor rapidez. Los dibujos más profundos se afirman bien en terreno áspero, polvo y grava, pero añaden peso y rigidez. Por tanto, elige calzado de dibujo más profundo en senderos más abruptos, pero con menos dibujo en caminos más practicables.

DAR MÁS PASOS

Por cada hora que te relajes en la playa, camina o nada durante al menos 20 minutos.

Cabe esperar que un par de botas o zapatillas de *trekking* den un servicio de entre 600 y 1.000 km, dependiendo de la escabrosidad de los senderos por los que camines. Una manera segura de ampliar la vida de las zapatillas para caminar o del calzado de *trekking:* sécalo completamente si se moja mucho. Pero no uses calor para el secado, porque puede dañar las colas empleadas en su fabricación. Extrae, en cambio, la suela interna (si es de quita y pon) y rellena la bota o zapatilla con papel de periódico durante una noche entera para absorber la humedad.

Programa para la cuarta semana

Es posible que hayas conseguido encontrar todos los pasos adicionales que necesitas para llegar a los 10.000 al día. Te conoces ya cada hueco de escalera en el trabajo, y tienes fama de andar dando grandes zancadas por los aparcamientos de toda la provincia. Pero si se te resiste el total de 10.000 pasos (o mayor, si estás buscando una pérdida de peso más rápida), puede que sea hora de introducir de verdad en tu jornada una caminata estructurada u otro ejercicio físico. Hemos sugerido varias maneras de conseguirlo: conectarte con otras personas a través de un grupo para caminar, entrenarte para una prueba de marcha un fin de semana, o introducir como buenamente puedas una excursión en algún punto de tu semana.

Pero desde luego puedes simplificarlo si quieres. Si salir por la puerta de casa para dar una pequeña vuelta de 20 minutos nada más levantarte de la cama por la mañana te funciona, pues sigue haciéndolo. O si una meditación caminando después de cenar calma y equilibra tu vida, entonces sal a comunicarte con las estrellas. Tan sólo hemos ofrecido estas vías más estructuradas de añadir más pasos para quienes están descubriendo que aumentar el número de pasos les resulta, bien un reto, o bien no muy divertido. Caminar con otras personas, participar en una prueba o hacer una excursión aumentarán sin duda tu total de pasos, y a la mayoría de la gente le resulta muy agradable al menos una de esas ideas.

DAR MÁS PASOS

Prueba la orientación, un deporte que exige el uso de mapa y brújula para realizar un recorrido por los bosques pasando por puntos de control previamente establecidos en el menor tiempo posible. (Les gusta hasta a los niños.)

Así que, si puedes afrontarlo, prueba al menos una de esas posibilidades esta semana. Nada trascendental: basta con que conectes con un grupo que camine a la hora del almuerzo en el trabajo o que te inscribas para la marcha benéfica que haya en tu ciudad este fin de semana. Si sigues haciendo todo lo demás que ya te está funcionando, es posible que descubras que una de estas cosas, combinada con, pongamos, una excursión el miércoles por la tarde por un parque cercano, es todo lo que necesitas para conseguir tu mejora del 20 por ciento para la semana. Y recuerda: incluso midiendo tus totales de pasos diarios para supervisar tu evolución y mantener la motivación, trata también de estar atento a tu total semanal. Esto tiene en cuenta la jornada ocasional con pocos pasos, dejándote que vuelvas a ponerte al día con unas cuantas jornadas más intensas para seguir logrando tu meta para la semana.

Diario de pasos de la cuarta semana

Número de pasos	¿Algo especial hoy?
Lunes	
Martes	
Miércoles	
Jueves	
Viernes	
Sábado	
Domingo	
Total Semanal	

Media diaria: _____

(total de pasos semanales dividido por 7)

Meta diaria para la semana próxima: _____

(media diaria x 1,2, para aumentar un 20 %)

Quinta semana

Más pasos en menos tiempo

Cuanto más te acerques a tu meta de pasos, más probable es que encuentres difícil añadir más. Después de todo, si empezaste a un nivel bastante normal —pongamos, 5.000 pasos al día—, la primera semana estabas sólo intentando añadir 1.000 pasos diarios, o unos 10 minutos. Pero si has añadido una cantidad cercana al 20 por ciento a la semana, te estarás acercando a una meta diaria de 10.000 pasos o más. Y francamente, es muy normal que te parezca duro *seguir* añadiendo pasos: después de todo, eso representa casi una hora adicional de actividad sobre tus 5.000 pasos iniciales, aunque se distribuya a lo largo de la jornada. Afortunadamente, la respuesta puede ser más fácil de lo que crees: empieza a dar algunos de esos pasos más rápidamente, y no sólo los comprimirás en menos tiempo, sino que también aumentarás los beneficios del consumo de calorías y la puesta en forma.

PASOS HACIA EL ÉXITO

Marcha atlética: la forma más veloz de añadir pasos

Si alguna vez has visto a verdaderos marchadores de competición de élite —no sólo las caricaturas chaplinescas—, entonces sabrás que su característica manera de moverse es en realidad muy fluida, eficiente y atlética. Tiene que serlo para resultar competitiva. Los competidores de máximo nivel pueden recorrer 20 kilómetros en menos de hora y media, lo que significa un veloz ritmo de 4 minutos, 30 segundos por kilómetro —más de 13 km por hora, y un ritmo que a la mayoría de los corredores les encantaría igualar—. Los competidores de una prueba de 50 kilómetros se hacen *caminando* un maratón en menos de 3 horas, 30 minutos, y luego mantienen ese ritmo durante otros 8 kilómetros.

Las reglas son en realidad muy sencillas: un marchador debe mantener contacto ininterrumpido con el suelo (la obvia diferencia entre caminar y correr), y la rodilla de la pierna de apoyo debe estas estirada en el momento del contacto del talón con el suelo (esto no asegura ninguno de los beneficios de una rodilla "elástica" que hace mucho más rápido correr que caminar). Los jueces supervisan el recorrido y eliminan a los competidores después de tres infracciones de esas reglas.

Como es lógico, cuando se sometió a pruebas físicas a los marchadores de alto nivel en el Centro de Entrenamiento Olímpico de EE. UU. en Colorado Springs, se observó que tenían niveles de forma comparables a los de corredores de élite. La grasa corporal, la resistencia, el consumo máximo de oxígeno y los umbrales anaeróbicos o de lactato (si te interesan estas cosas) eran similares para los corredores y los marchadores. Pero éstos parecen sufrir menos de las lesiones relacionadas con el impacto experimentadas por muchos corredores, pues los marchadores sólo impactan el suelo con entre 1 y 1,5 veces su peso corporal, mientras que los corredores golpean el suelo con 3 o más veces su peso corporal en cada zancada.

¿La ventaja final? Las velocidades típicas de la marcha atlética cosechan ritmos de 160 pasos por minuto o más; los marchadores de élite tienen registros de unos 200 pasos por minuto. Si aprendes a caminar como en marcha atlética a gran velocidad, podrías acumular 1.000 pasos en tan sólo cinco minutos a un ritmo infernal. Aún mejor: ¡consigue hacer una cuota diaria entera de 10.000 pasos en menos de una hora!

Pasos rápidos al rescate

Aumentar el ritmo es una excelente manera de conseguir dar más pasos en menos tiempo. Tanto si sales a hacer una verdadera sesión de ejercicio como si simplemente vas andando del metro al trabajo, de ello se deduce que conseguirás dar más pasos en menos minutos si caminas más rápido.

¿Existe algún otro lado positivo para andar más rápido? Bueno, pues de todo aquello de lo que sacas algo a velocidades menores se consigue mucho caminando más rápido. Si caminas a un ritmo cómodo, de charla, consumes quizá 250 calorías por hora. Si aceleras hasta una caminata a paso ligero, entre 350 y 400 calorías en la misma cantidad de tiempo. Si caminas lentamente, reduces los riesgos de afecciones crónicas, tales como la enfermedad cardiovascular o la diabetes. Pero si haces vigorosas tus caminatas con regularidad, asistirás a un espectacular aumento en las probabilidades de disfrutar una vida más larga y más sana. Y además, para mejorar tu estado de forma cardiorrespiratoria —la capacidad que te permite subir corriendo un tramo de escaleras o practicar deportes sin acabar doblado, con las manos en las rodillas y jadeando—, las investigaciones sugieren que se necesitan tres o más excursiones caminando vigorosamente a la semana. Estas caminatas más rápidas robustecen el corazón y fortalecen los músculos, generando una mayor densidad de capilares sanguíneos y ayudando a crear a nivel celular más orgánulos que produzcan energía (llamados mitocondrias). Una compensación excelente por tan sólo caminar lo bastante rápido para ponerte a respirar con fuerza unas cuantas veces a la semana, ¿no te parece?

El problema es que muchas personas simplemente sienten que no pueden caminar lo bastante rápido para acelerar su frecuencia cardiaca o ponerse a respirar de verdad perceptiblemente. Es el síndrome del *andar no puede realmente ser un ejercicio*. Afortunadamente, tenemos cuatro sencillos consejos que harán que cualquier persona camine aeróbicamente en prácticamente nada de tiempo. Se han recogido de la técnica de los marchadores de competición, pero sim-

plificada, para que sean fáciles de dominar y, francamente, no se parezcan en nada a la exagerada acción de brazos ni a la oscilación de caderas que disuaden a muchos aspirantes a caminantes aeróbicos.

Cuatro consejos para caminar más rápido

Para acelerar la caminata a una velocidad que asegure la generación de forma física y el consumo de calorías, y cosechar muchos pasos, no hace falta ser un marchador. Basta con aprender de ellos. Prueba estos cuatro sencillos consejos para elevar tu caminata a un ritmo más aeróbico.

1. Yérguete. No encorves los hombros, ni te inclines hacia delante desde la cintura, ni bascules en exceso las lumbares. Mantén la barbilla nivelada, y siéntete como si una cuerda se prolongase desde tu columna vertebral y tirase de ti hacia arriba a través de la coronilla.

Clave: Fija la mirada en el horizonte. Baja los ojos para mirar dónde pisas, por supuesto, pero no bajes el mentón.

2. **Céntrate en la velocidad (no en la longitud) de zancada.** Desde luego, tu zancada se alarga cuando caminas más rápido, pero ésa no debe ser tu meta; deja que ocurra con naturalidad. Concéntrate, en cambio, en la *velocidad* de zancada. Prueba a contar los pasos durante tan sólo 20 segundos, trabajando para conseguir los puntos de referencia aproximados de 40 pasos (salud), 45 (pérdida de peso) o 50 (ritmo aeróbico). Equivalen a 120, 135 y 150 pasos por minuto, respectivamente.

   Clave: Prueba este experimento. Bien erguido, con los pies juntos, transfiere el peso corporal a los antepiés e inclínate hacia delante partiendo de los tobillos. Mantén el cuerpo derecho hasta que sientas con naturalidad la necesidad de dar un paso al frente para evitar caerte. El paso que des es una buena indicación de tu longitud de zancada de partida para una velocidad moderada.

3. **Dobla los brazos.** Mantén los codos en ángulo recto para que puedan moverse más rápidamente. Un péndulo corto oscila con mayor facilidad que uno largo; por tanto, céntrate en una oscilación de brazos rápida y compacta. (Plantéatelo así: ¿cuántos corredores ves por ahí corriendo con los brazos estirados?) No dejes que los

ÉXITOS DEL PODÓMETRO

Podometría presidencial

Harry S. Truman, presidente de EE. UU. desde 1945 hasta 1953, fue un ferviente caminante matinal. Con su sombrero y su bastón característicos, salía por las calles de Washington, D.C., seguido de un tropel de periodistas y agentes del Servicio Secreto dando grandes zancadas para mantener el ritmo. Un admirador de Washington envió a Truman un podómetro grabado con las palabras PARA EL PRESIDENTE TRUMAN Y SUS PASOS ADELANTE. Truman contestó en una carta: "La misma mañana siguiente a recibirlo registré con él dos millas y media. Le agradezco que me lo enviara porque ahora puedo llevar la cuenta de la distancia que recorro".

Después de su mandato presidencial, Truman volvió a su casa de Misuri, donde continuó con sus caminatas. Publicó sus memorias y siguió activo en política hasta su muerte a los 88 años de edad. Cuando se le pedía consejo para una larga vida, Truman contestaba: "Dé cada mañana una caminata a paso ligero de 3 kilómetros antes de desayunar". Nunca fue partidario de paseos sin prisas; fiel a su apodo, "*Give'em hell, Harry*" ("Dales caña, Harry"), recomendaba también: "Hay que caminar siempre como si se fuera a alguna parte". Buen consejo para cualquiera que esté tratando de mejorar sus totales de pasos, y para todos los que confíen en vivir una vida larga y enérgica.

codos se agiten separados de los costados, ni subas las manos al frente hasta la altura de la barbilla (o incluso de la nariz).

Clave: Tus manos deben describir un arco desde al lado de tu cintura en el retroceso, hasta la altura del pecho (no más) por delante.

4. **Impúlsate con las puntas de los pies.** En cada paso extiende conscientemente el tobillo por completo, presionando con las puntas con empuje y dinamismo, y generando tanto impulso como sea posible al final de cada zancada.

Clave: Hay que hacer rodar el pie en todo el recorrido hasta la punta, y sentir como si en cada paso estuvieras enseñando la suela de la zapatilla a alguien que fuera detrás de ti.

La verdad sobre el consumo de calorías

Muchas máquinas de ejercicio en el gimnasio (como los tapices rodantes o las máquinas de remo) y cada vez más podómetros pretenden decirte cuántas calorías estás quemando mientras haces ejercicio. Bien está darte por enterado como estímulo para tu buen esfuerzo, pero asegúrate de coger con pinzas las cifras absolutas. Esto se debe a que hay un enorme número de factores que influyen realmente en cuántas calorías se consumen durante el ejercicio. Para tener alguna posibilidad de hacer un cálculo de tu consumo calórico, una máquina de ejercicio debe como mínimo tener presente tu edad, sexo, peso corporal, nivel de forma, y esfuerzo (el cual se mide mejor mediante la frecuencia cardiaca). Si pensamos en el ejercicio al aire libre, a estos factores desconcertantes pueden añadirse el terreno y las condiciones meteorológicas. Por eso los podómetros sólo pueden ofrecer en realidad cálculos aproximados de las calorías consumidas, especialmente si no tienen presente como mínimo tu peso y nivel de esfuerzo (midiendo tanto tus pasos como la velocidad a la que los das).

Sin embargo, puedes conseguir un cálculo del consumo de calorías que sea al menos así de preciso simplemente con tu reloj y un podómetro que tan sólo cuente los pasos. Todo lo que hay que hacer es calcular los pasos por minuto de una caminata (el número total de pasos que se hayan dado dividido por el tiempo que se anduvo, en minutos) y conocer el peso corporal:

$$\text{Ritmo de pasos (en pasos por minuto)} = \frac{\text{Total de pasos dados}}{\text{Tiempo de la caminata (en minutos)}}$$

A continuación, las dos tablas de las páginas 110 y 111 te ofrecerán un cálculo de las calorías que hayas gastado durante un paseo o caminata. Por supuesto, no emplees una buena caminata de 500 calorías como justificación para comerte una copa de helado con caramelo y dulce de leche caliente del tamaño de un melón, sino más bien como motivación para apuntarte otra excelente caminata mañana.

Cálculo preciso de tu velocidad al andar

Es posible calcular tu velocidad basándote en tu ritmo de pasos por minuto. Divide el número total de pasos que des durante una caminata concreta por el número total de minutos que hayas tardado en hacerla. Después busca en la columna tu intervalo de alturas y encuentra el cálculo aproximado de tu velocidad media para la caminata. Así, por ejemplo, si Bob mide 1,88 m de altura y ha dado 3.452 pasos en una caminata de 25 minutos, calcula:

$$\frac{3.452}{25} = 138$$

Ha dado de media unos 138 pasos por minuto. Recorriendo la columna "Si mides más de 1,85 m", ve que cae entre 130 y 140 pasos por minuto, o bien una rápida velocidad de 7,2 km/h.

Ritmo de pasos y velocidades aproximadas al caminar

Ritmo de pasos (Pasos/Minuto)			Tiempo para recorrer 1 km (min:s)	Velocidad aproximada al caminar (km/h)
Si mides menos de 1,65 m	Si mides entre 1,7 y 1,85 m	Si mides más de 1,85 m		
100-110	95-105	90-100	18:38	3,2
105-115	100-110	95-105	14:55	4,0
110-120	105-115	100-110	12:25	4,8
120-130	115-125	110-120	10:40	5,6
130-140	125-135	120-130	9:20	6,4
140-150	135-145	130-140	8:17	7,2
155-165	150-160	145-155	7:27	8,0

Estos cálculos de velocidades aproximadas son excelentes para usarlos al calcular las calorías que has consumido, con la siguiente tabla (ver página siguiente).

Llegar de la velocidad al consumo de calorías

Con la velocidad al caminar que has conseguido, basada en tu ritmo de pasos, puedes usar esta tabla para calcular las calorías que consumes caminando durante 30 minutos; usa la columna de pesos más cercana a ti, o calcula entre los dos valores más cercanos. Esto es para terreno llano en condiciones meteorológicas normales; un paseo en cuesta o un día de mucho viento podría aumentar de manera considerable tu esfuerzo. Tan sólo subir una modesta cuesta de un 6 por ciento (es decir, subir 6 metros por cada 100 metros que caminas) aumentará el gasto calórico en un 16 por ciento; si se trata de una cuesta muy notable (digamos, de un 10 por ciento, o 1 metro de subida por cada 10 pasos que das), las calorías quemadas ascienden más de un 50 por ciento, aunque bajes un poco la velocidad.

Consumo de calorías aproximado en 30 minutos de caminata

Velocidad (km/h)	Peso corporal					
	50 kg	60 kg	70 kg	80 kg	90 kg	100 kg
3,2	69	84	97	110	124	139
4,0	80	97	113	128	145	160
4,8	94	114	132	151	170	189
5,6	113	135	158	180	202	225
6,4	137	164	191	218	247	273
7,2	169	203	236	271	304	338
8,0	215	258	300	343	386	430

DICHO SEA DE PASO

Calorías rápidas por kilómetro

Si esto te parece demasiado complicado, recuerda esta regla general relativamente rápida y sencilla: para saber cuántas calorías has consumido por kilómetro caminado, divide tu peso corporal en kilos por 1,5. Ejemplo: pesas 60 kg. Por tanto: 60/1,5 = 40 calorías consumidas por kilómetro. Esto funciona bastante bien para velocidades de entre 3,2 y 6,4 km/h.

Los cálculos aproximados de calorías a los que se ha llegado por distintos medios en realidad no son comparables. No esperes que el tapiz rodante de un gimnasio y esta tabla te den los mismos cálculos de calorías, incluso para caminatas de idéntica distancia y esfuerzo parecido. Pero si usas un método estándar —pongamos, un podómetro o monitor de frecuencia cardiaca—, puedes al menos comparar el cálculo de una sesión de ejercicio con la siguiente para ver qué tal vas.

Evita las mancuernas y guantes lastrados, los chalecos lastrados y las riñoneras con cuerdas retráctiles

Las mancuernas y los guantes lastrados a menudo se comercializan como una forma sencilla de añadir un refuerzo en la parte superior del cuerpo al ejercicio cardiovascular de caminar, pero como regla general no recomendamos usarlos. Para conseguir el mejor ejercicio con mancuernas, hay que flexionar los codos y bombear vigorosamente con los brazos, y si mantienes tu velocidad mientras llevas mancuernas, podrías incrementar las calorías que consumes entre un 10 y un 50 por ciento. Pero las investigaciones sugieren que un incremento de un 5 a un 20 por ciento es más probable si acarreas una cantidad razonable de peso (menos del 10 por ciento de tu peso corporal). Ten presente que esto supone que no estás ralentizando, lo cual puede suceder con bastante facilidad con las mancuernas en las manos. Y puedes conseguir al menos la mitad de ese incremento en gasto de energía simplemente flexionando los brazos a 90 grados y bombeándolos vigorosamente —sin pesas— durante una caminata a paso ligero.

Las mancuernas también pueden dar preocupaciones a gente que tiene un historial de problemas de hombros o codos o afecciones posturales, o para cualquier con dolencias cardiacas o tensión arterial alta. Esto último se debe a que el acto de agarrar las mancuernas puede elevar la tensión arterial algo artificialmente, un efecto llamado "respuesta vasopresora".

Otro aumentador de la intensidad disponible en el mercado es el chaleco lastrado. La idea es que añadir pesos a los bolsillos del chaleco te hará trabajar más y quemar más grasa. El problema es que llevar peso junto al tronco es realmente bastante eficiente (por eso los soldados y los excursionistas aprenden a cargar sus mochilas con los materiales más pesados cerca del cuerpo, donde provocan el mínimo de esfuerzo extra). Aunque un chaquetón lastrado pueda realmente aumentar el gasto calórico en aeróbic y en clases con *step* donde se suele subir y bajar mucho, dada la cantidad de peso que tienes que acumular para que influya, probablemente no valga la pena la molestia cuando se esté caminando por ahí.

DAR MÁS PASOS

Juega al tejo. Sigue intentándolo hasta que no falles.

Un tercer aparato diseñado para intensificar la caminata es la riñonera con cuerdas retráctiles de las que tiras mientras braceas vigorosamente. Desarrollada por esquiadores de fondo, y usada en clases de aeróbic y similares para estimular el tren superior del cuerpo, estos cinturones no son necesariamente fáciles de dominar al caminar. Exigen mucha coordinación, y pueden ser muy incómodos al principio. Pero no vaya a ser que creas que somos esnobs puristas, y opuestos a todo posible complemento para caminar; encontrarás que creemos que vale la pena considerar uno en particular.

Mejora tu ejercicio con la marcha nórdica

Es posible que hayas notado en la tabla "¿Son muy activas las actividades favoritas de Estados Unidos?" de la Cuarta Semana que el esquí de fondo (o nórdico) tenía el consumo típico de calorías más elevado para 30 minutos. No es ninguna coincidencia. El esquí nórdico es una actividad de bajo impacto que utiliza todos los grupos musculares principales del cuerpo en grandes movimientos repetitivos que suponen un reto, pero no son dañinos. Una vez que te pones en forma, puedes hacerlo literalmente durante horas y no sufrir lesión alguna.

No debe, pues, sorprendernos que durante años los esquiadores nórdicos hayan estado usando sus bastones de esquí al caminar y al

correr —incluso cuando no hay nieve en el suelo— para mantenerse en forma para la temporada de esquí. También los excursionistas están habituados a usar uno o dos bastones cuando cruzan terreno irregular para ayudarse a mantener el equilibrio, sobre todo cuando van muy cargados. Los bastones de senderismo ayudan también a aliviar el martilleo sobre las rodillas y los tobillos cuando se hacen marchas cuesta abajo.

Así que fue sólo cuestión de tiempo antes de que alguien decidiese convertir esto en un ejercicio formal. Denominada marcha o caminata nórdica por sus promotores, la idea es simplemente andar mientras se usan bastones superligeros realizando con los brazos un movimiento propio del esquí de fondo. Se da un paso con el pie derecho mientras se apoya el bastón con el brazo izquierdo, y viceversa. Antes de reírte entre dientes, escucha el lado positivo: los estudios demuestran que la marcha nórdica puede consumir de un 15 a un 45 por ciento más de calorías que andar normalmente, y que activa efectivamente los músculos del pecho, la espalda, los hombros, los brazos y el abdomen. Una vez que dominas la impulsión vigorosa con los bastones, puede ser especialmente bueno para los grandes dorsales (los músculos de los costados del tronco situados bajo los brazos) y los tríceps o cara posterior del brazo (uno de los puntos problemáticos de muchas mujeres).

ÉXITOS DEL PODÓMETRO
Un aplauso para nuestro mejor amigo

Un estudio australiano mostraba que los propietarios de perros que sacaban a pasearlos daban unos 2.000 pasos más que los que no lo hacían: 10.900 frente a 9.000 pasos al día. Y cuando se considera lo movidos que son algunos perros, puede verse que ayudar a tu *Boby* a tener suficiente ejercicio puede rápidamente beneficiarte a ti también.

Para examinar esto más de cerca, encontramos un podómetro especial que se fabrica en Japón especialmente para perros. Resulta que *Tubby* ("Regordete", "Rechoncho"), el cruce de Labrador y Chow-chow de tres años del coautor David Bassett, da de media 38.000 pasos al día, y probablemente daría más si pudiera (¡como para seguirle el ritmo!). ¿Las maneras favoritas de *Tubby* para conseguir más pasos? Estar de jarana con sus colegas caninos en el parque más cercano, jugar al Frisbee y dar paseos de 5 km por el barrio con cualquier miembro de la familia que esté dispuesto. Lo que plantea la cuestión: "¿Por qué diablos llaman *Tubby* a este perro?".

Al principio, sólo se encontraban para la marcha nórdica bastones de largo ajustable más pesados, diseñados para senderismo. Sin embargo, al incrementarse su popularidad, los fabricantes están haciendo ahora bastones de marcha nórdica ligeros y superresistentes. Son de largo fijo, con tubo en aleación de carbono, empuñaduras iguales que las de esquí de fondo y dragoneras (correas) para mayor confort, así como puntas de goma desmontables para uso sobre superficies pavimentadas (al quitarlas, aparece una punta metálica que se emplea en hierba, arena, senderos de tierra y otras superficies blandas).

Particularmente, hemos descubierto que cuando practicamos marcha nórdica, en realidad tendemos a caminar más rápido. Aunque se queman muchas más calorías, las investigaciones demuestran que el ritmo de esfuerzo percibido (un tecnicismo de fisiología del ejercicio

PASOS HACIA EL ÉXITO
Boby al rescate

Si estás teniendo problemas para salir de casa a hacer ejercicio, tal vez simplemente podrías necesitar un entrenador personal canino. El Dr. Robert Kushner, catedrático de medicina de la Northwestern University de Chicago, dirigió un estudio sobre mascotas con sobrepeso y sus propietarios. Inscribió a 56 personas, algunas con perro, en un programa de dieta y ejercicio físico. A estas personas se las animó a caminar al menos 20 minutos al día y a restringirse a 1.400 calorías diarias. (A los perros se les daba de comer una dieta especial de prescripción fabricada por Hill's Pet Nutrition, empresa que patrocinaba el estudio.) Después de un año, las personas y sus perros habían perdido, ambos, una media de unos 5 kilos. Cuando estas personas y sus mascotas hacían ejercicio juntos, tenían más éxito. ¡A veces un perro es realmente el mejor amigo del amo!

que significa "lo duro que parece") no se eleva proporcionalmente. Sospechan que se debe a que la carga de trabajo se reparte más por el cuerpo: no sólo los músculos de las piernas, sino también de los brazos y del tronco. De manera que es probable que la acción de bracear apoyando los bastones esté en realidad ayudando a impulsarte hacia delante: contribuyendo desde luego a un esfuerzo mayor, pero que se halla dentro de tus posibilidades. Y ¿cómo funciona eso desde el punto de vista podométrico? Bueno, ya que nos lo preguntas: cualquier cosa que te ayude a introducir más pasos en menos tiempo es algo bueno.

Programa para la quinta semana

De acuerdo, la ecuación es sencilla: cuanto más rápido se camine, más pasos se dan y menos tiempo se tarda. Además, con varios paseos o caminatas a la semana se incrementan los beneficios aeróbicos, y se consumen más calorías en menos tiempo. Así que esta semana la meta no es añadir a tus jornadas mucho más tiempo caminando, sino agregar muchos más pasos a tu tiempo de caminata. Veamos cómo funciona.

Primero, para todos los pasos adicionales que añadas a tu semana —subir escaleras en vez de coger el ascensor, hacer recados a pie— trata de desplazarte a un ritmo cómodamente ligero. Evidentemente, si vas cargado con la compra o te diriges al trabajo andando, es posible que no puedas o no quieras ir a un ritmo de braceo intenso y tan aeróbico que te induzca a sudar. Pero tampoco camines entreteniéndote por el camino. Desplazarse a paso ligero asegurará que estos pasos adicionales, además de incrementar tu total diario, no te lleven tanto tiempo.

Segundo, para las ocasiones que salgas consciente y específicamente sólo a caminar, trata de aumentar realmente el paso al menos tres veces esta semana. No tienes que matarte, pero usa los cuatro elementos de la técnica para caminar velozmente: postura erguida, velocidad de zancada, brazos flexionados e impulsarse con la punta del pie. Pruébalo cada vez durante al menos 10 minutos, o aproximadamente entre 1.300 y 1.500 pasos de marcha más rápida. Si la mejora en capacidad aeróbica —así como la pérdida de peso y los beneficios de salud asociados— es una de tus metas, con el tiempo deberías llegar poco a poco a una marcha a paso rápido de 20 minutos, o un equivalente de 2.600 a 3.000 pasos, tres días a la semana. Y hagas lo que hagas además de eso, sigue trabajando para acercarte a una media de 10.000 pasos al día, o 70.000 pasos a la semana.

Diario de pasos de la quinta semana

Número de pasos	¿Algo especial hoy?
Lunes	
Martes	
Miércoles	
Jueves	
Viernes	
Sábado	
Domingo	
Total Semanal	

Media diaria: _____
(total de pasos semanales dividido por 7)
Meta diaria para la semana próxima: _____
(media diaria x 1,2, para aumentar un 20 %)

Sexta semana

Ponerse serio

Tu podómetro ya no es una novedad y, francamente, a estas alturas es posible que creas que ya tienes dominada la situación. Y ése es el problema: cinco semanas de éxitos no significan ser activo de por vida. Hablando en plata, la cuestión no es si puedes aumentar tus pasos diarios durante cinco semanas o incluso cinco meses. La cuestión es si puedes hacerlo durante los próximos cinco años, y luego los 15 siguientes, y a continuación cabe esperar que otros 50. No se trata de si puedes aumentar progresivamente hasta 10.000 o 12.000 pasos al día, sino de si puedes mantenerte a ese nivel.

Desgraciadamente —y probablemente no te sorprenda oírlo—, los profesionales de la salud citan regularmente la estadística de que más de la mitad de las personas que empiezan un nuevo programa de puesta en forma lo dejan antes de los seis primeros meses, y tres cuartos, antes del año. Así pues, ¿serás uno de los que abandonan, o encontrarás un modo de que caminar entre a formar parte permanen-

DICHO SEA DE PASO

¿De verdad nos estamos volviendo menos activos?

A la mayoría de los estadounidenses les parece que es más duro que nunca mantenerse en su peso, y muchos investigadores creen que la culpa la tiene nuestro ajetreado estilo de vida moderno. Hemos revisado datos provenientes de diversas fuentes, y de verdad parece que los estadounidenses se han vuelto menos activos desde 1960. Encuestas nacionales sobre el empleo del tiempo muestran una disminución en el tiempo invertido en preparar comidas (44 minutos entonces frente a 27 ahora) y la recogida de la mesa y el lavado de platos después de las comidas (21 minutos frente a 4). Y las estadísticas del Departamento de Trabajo muestran que hoy día menos personas tienen trabajos agotadores tales como la agricultura y el trabajo manual en comparación con hace 40 años.

Todos observamos evidencias de miles de formas de consumir unas pocas menos calorías en todo lo que nos rodea, desde mandos a distancia para el televisor y la apertura de la puerta del garaje hasta los sopladores de hojas caídas y tractores cortacéspedes; desde los lavavajillas y los hornos microondas hasta las escaleras mecánicas y las maletas con ruedas. Y los estadounidenses invierten ahora mucho más de su tiempo libre en ver la TV, navegar por Internet o jugar con videojuegos. Una reciente viñeta de Steve Skelton muestra a un padre sermoneando a su hijo adolescente, que está sentado en el sofá con el mando a distancia de la TV. "¡Qué caramba, a tus años yo tenía que andar tres metros para cambiar los canales!", exclama el padre. Esta disminución en la actividad física debida al estilo de vida se ha compensado en parte mediante el incremento en la participación en prácticas de ejercicio físico (especialmente en las mujeres), pero la boyante epidemia de obesidad sugiere que esta compensación no basta ni con mucho.

El International Obesity Task Force, un comité internacional de expertos en obesidad, que no se anda con rodeos, resume con mucha sencillez esta batalla perdida como el resultado de un ataque sobre dos flancos: un entorno que limita nuestras oportunidades de estar físicamente activos y un suministro excesivo de alimentos y bebidas ricos en calorías, que provoca un hiperconsumo crónico. La cosa invita a pensar que andarse otros 2.000 pasos no sería descabellado, ¿verdad?

te e inalienable de tu vida de ahora en adelante? En primer lugar, tienes que considerar seriamente llevar puesto tu podómetro después de este programa de seis semanas: a muchas personas les parece un elemento motivador y un instrumento crítico para el éxito a largo plazo. Pero para que realmente arraigue, es posible que tengas que reflexionar acerca de algo más que sobre tus propios hábitos. Tal vez debas pensar en toda tu comunidad.

La paradoja de las vacaciones en Francia

Nos sorprende la frecuencia con que oímos esta historia: una amiga vuelve de unas vacaciones de dos semanas en Europa —pongamos en París— y pone por las nubes el excelente viaje y la increíble comida. Sigue describiendo que comió lo que quiso siempre que quiso, y que nunca se saltó ni un postre. Y sin embargo está atónita —sorprendida— de haber perdido mientras estaba allí uno, o dos, o incluso hemos oído hasta *tres kilos y medio*. Es una paradoja: ¿cómo es posible?

Así que preguntamos: ¿Dónde os hospedasteis? "En la propia ciudad, por supuesto." ¿Y qué hicisteis? "Vimos todos los museos, monumentos, grandes catedrales... Lo visitamos todo." ¿Y qué clase de coche alquilasteis? "Ah, no alquilamos coche. Íbamos andando a todas partes; cogimos el metro o el tren para trayectos más largos..." Ya te haces idea.

Indudablemente, menos piscolabis entre comidas, porciones más sensatas y jornadas más largas pueden haber contribuido a la pérdida de peso; pero, dada la típica dieta de vacaciones, es casi seguro que el incremento en el nivel de actividad fue crítico para el cambio. Es también una razón clave de que las mujeres francesas supuestamente no engorden (y podría explicar por qué el reciente libro *Las francesas no engordan* es un *best seller*). He aquí el gran "secreto": nuestra amiga probablemente anduvo entre 15.000 y 20.000 pasos al día en esas vacaciones, fácilmente entre dos y cinco veces la actividad que hacía en casa en los Estados Unidos. De hecho, las investigaciones sugieren que los europeos caminan unos 400 km por persona y año (esto es tan sólo lo que los investigadores llaman caminata *funcional* a destinos concretos, no marcha aeróbica), en comparación con los 145 km por persona y año en los Estados Unidos. ¡En Holanda y Dina-

122 / CAMINAR CON PODÓMETRO

marca, la gente recorre en bicicleta otros casi 900 km por persona y año! Compárense con una media de tan sólo 40 km yendo en bicicleta en Estados Unidos.

El resultado de todo esto es que los europeos consumen de 60 a 120 calorías por persona y día a través de transporte físicamente activo, en comparación con tan sólo 20 calorías en los EE. UU. Es razonable sospechar que se trata de un importante factor que contribuye a explicar por qué las tasas de obesidad son mucho más elevadas en los Estados Unidos que en Europa.

Desgraciadamente, aunque estos datos empíricos puedan ayudar a explicar por qué las mujeres francesas no engordan, no parecen ser suficientes. A medida que el estilo de vida americano se adopta cada vez más en Europa y en el resto del mundo —desde el incremento de la comida rápida hasta que más hogares tengan dos automóviles y vayan en coche a más destinos— las tasas de obesidad están ascendiendo en todo el mundo. Y entre los factores que contribuyen a ello se incluye seguramente una disminución en los viajes activos al trabajo y de vuelta a casa, caminando o en bicicleta, bien hasta el trabajo mismo, o bien hasta el tren.

Caminar como modo de vida

He aquí una lista de maneras en que podríamos introducir más pasos en la vida diaria en Estados Unidos. Aunque algunas parezcan ahora extravagantes, ninguna de ellas habría parecido en absoluto extremada hace tan sólo 50 años.

- Llevar andando a los niños al colegio e ir a recogerlos de igual modo.
- Utilizar los transportes públicos (autobús, tren, metro, tranvía) para ir a trabajar, e ir andando o en bicicleta hasta y desde la parada o la estación en ambos extremos del viaje.
- Ir andando a la tienda de la esquina para comprar la leche y el pan.
- Recoger la correspondencia en un apartado de correos.
- Tener sólo un automóvil para la familia y —¡oh blasfemia!— un garaje con una sola plaza.

- Vivir tan cerca de un banco, escuela, oficina de correos, tiendas y el trabajo que les parezca razonable a tus padres e hijos ir andando a todos estos sitios.
- Tener sólo un televisor en casa.
- No suscribirse a la televisión por cable (y docenas, quizás cientos, de opciones para ver en todo momento).
- No llevar a los niños en coche a todos los sitios que tengan que ir. Y lo más importante, no llevarles en coche al centro comercial.

La pregunta es: ¿hoy en día podemos crear de verdad entornos que no hagan que la lista de arriba parezca una fantasía idílica? Claro que sí. Comunidades de todo Estados Unidos, desde grandes ciudades a pueblecitos, e incluso zonas rurales —muchas bajo la amenaza de verse invadidas por la urbanización— están tomando decisiones a diario para construir lugares donde sea fácil, e incluso deseable, salir a caminar regularmente. Los esfuerzos se agrupan en cuatro categorías principales; se basan en las cuatro características definito-

rias de los lugares en los que las personas suelen caminar y montar en bicicleta más y conducir menos.

1. *Zonificación de uso mixto y zonificación compacta*

Muchas comunidades están cambiando sus ordenanzas de planifica-ción y uso del suelo para estimular a los barrios a que se parezcan menos a subdivisiones cortadas por el mismo patrón con centros comerciales, y más a barrios tradicionales. Muchas ordenanzas esti-mularon la expansión urbana descontrolada mediante la zonifica-ción "de un solo uso", exigiendo la separación de las zonas dedica-das a vivienda, tiendas al por menor y comerciales. El resultado fue el reparto con las viviendas en un sitio, los centros comerciales en otro, parques de oficinas y un colegio, en un tercero, y la obligación de coger el coche para ir de una zona a otra.

Pero existen nuevas alternativas con un atractivo enorme: los cen-tros de las ciudades tienen tiendas al por menor en la planta baja y sobre ellas se asientan oficinas y pisos. Las áreas residenciales presen-tan también tiendas y edificios cívicos: bibliotecas, colegios y oficinas de correos, todo mezclado. Y las parcelas tienden a ser más reducidas, lo cual acorta la distancia a pie entre destinos. El beneficio es que, en vez de tener cada hogar un jardín gigantesco e infrautilizado, el espacio abierto se recoge en cinturones y sendas verdes, parques y campos de deportes, todos ellos más beneficiosos.

2. *Redes completas peatonales y para bicicletas*

Van de lo prosaico —aceras y pasos cebra— a lo magnífico, como, por ejemplo, senderos costeros, paseos entarimados y carriles-bici.

Las aceras, y no sólo raquíticas, son imprescindibles en todas las calles. Deben tener una anchura de 1,5 m o más y estar separadas de la calzada, con una banda de plantas e incluyendo (sería lo ideal) lo que los expertos llaman "mobiliario urbano", concepto en el que entra de todo, desde árboles hasta bancos para sentarse. Además, muchas calles necesitan que se pinten carriles-bici (pueden mejorar el comportamiento de los conductores de automóviles y de los ciclistas), y conexiones críticas que puedan hacerse con caminos y senderos. Un método popular y de mucho éxito es convertir vías del ferrocarril en desuso en senderos multiuso —llamados en inglés con el juego de palabras *rails-to-trails,* lit. "(de) rieles-a-senderos"— o situando senderos al lado de líneas férreas aún activas (llamados en inglés *rails-with-trails,* "rieles *con* senderos"), pero separados con seguridad.

> **DAR MÁS PASOS**
>
> Cambia tu tractor cortacésped por un modelo manual eléctrico o de gasolina.

3. *Arquitectura que favorezca las escaleras*

Los arquitectos deben dejar de diseñar edificios con escaleras cerradas y provistas de alarmas, de manera que no se puede subir ni un tramo. Deben dar un paso más e imitar los Centros para el Control de Enfermedades, de EE. UU., que limpiaron y enmoquetaron los huecos de escaleras, los decoraron con muestras de arte e introdujeron música ambiental en el edificio que alberga su rama de prevención de enfermedades crónicas (¿dónde si no?). El resultado fue, como cabe suponer, que había más personas que subían por las escaleras.

Pero el elemento más importante de nuestra lista de deseos es asegurarse de que los edificios acojan bien a ciclistas y peatones. Los edificios deben estar más cerca de la calle, no detrás de enormes aparcamientos (pónganse los apartamientos detrás o debajo de los edificios). Las entradas han de conectarse con las aceras, y los aparcamientos de bicicletas deben ser evidentes, abundantes y seguros, y estar cubiertos. Los hogares tienen que estar también más cerca de la calle, siendo su característica más sobresaliente el porche delantero, y estando el garaje en la parte de atrás o en el lateral. El resultado es una calle que se siente y *es* más segura y que invita más a caminar.

4. *Seguridad, seguridad, seguridad*

Por cerca que estén los destinos, por conectados que estén mediante aceras y por atractiva que resulte la arquitectura, si los coches pasan a todo correr por la calle a más de setenta kilómetros por hora, la gente seguirá sin caminar ni montar en bicicleta. Afortunadamente, los ingenieros tienen un completo instrumental de métodos para "calmar" el tráfico, ralentizar velocidades y convertir el hecho de cruzar la calle en una sencilla tarea, no en una aventura. Y no todo consiste en "guardias tumbados". Ingenios como puedan ser las isletas, las prolongaciones de bordillos (o los "bolardos"), las señales y luces especiales en pasos cebra (incluso luces intermitentes en el pavimento), los carriles estrechos y las minirrotondas en los barrios, ayudan, todos ellos, a ralentizar el tráfico y a reducir espectacularmente los riesgos para los peatones y conductores por igual. Dos excelentes extras más del diseño de calles más peatonales: se reducen los accidentes y el tráfico tiende a ser más fluido.

DAR MÁS PASOS

Monta comederos o nidales para pájaros y mantenlos bien abastecidos.

Pero ¿y las personas que han elegido un estilo de vida más rural? Tristemente, las pruebas muestran que se trata de una realidad en vías de desaparición, con cada vez mayores porciones de la población de EE. UU. acabando en barrios periféricos o en sus retoños, las zonas de las afueras. Muchos de estos lugares, poco favorables a caminar, son justo el siguiente anillo de desarrollo de centros comerciales y expansión urbana descontrolada aún más alejados del centro de la ciudad, y que requieren trayectos de coche aún más largos para ir a comprar o trabajar.

• • •

¿Para qué sirven las ideas sobre el uso del suelo y las aceras? A medida que reflexiones sobre llevar un estilo de vida más activo, sin duda llegarás a encrucijadas vitales: cambios de trabajo, la elección de la escuela de los niños o la compra de una nueva casa, por ejemplo. Merece la pena tener presentes en la decisión los cuatro atributos arriba mencionados: destinos cercanos, la presencia de una red para caminar, edificios y servicios que faciliten los desplazamientos a pie, y calzadas seguras. Después de todo, si estás viendo dos casas, pero una permitirá que los niños vayan al colegio a pie y la otra te metería en el coche todas las mañanas, ¿no es la casa que facilita caminar la mejor opción? Por supuesto, también es más probable que sea algo más cara: la Asociación Nacional de Agentes Inmobiliarios de Estados Unidos informa de que los compradores prefieren las casas ubicadas en entornos más peatonales. Pero eso significa que mantendrá mejor su valor (¡por si fuera poco estarás más sano y vivirás lo suficiente para disfrutar de ese incremento de valor!).

Hora de medidas extremas

Supongamos que ya llevamos tres meses de camino y que tú sigues llevando diligentemente tu podómetro. Has hecho todo lo que te hemos recomendado, añadiendo pasos siempre que te ha sido posible, pero aún estás atascado en 9.436 pasos al día, aunque tu meta era acercarte a los 12.000. Aún peor, el peso ha dejado de bajar y sientes que has caído en un período de estancamiento en tu puesta en forma.

Quizá sea hora de dejar de mordisquear los bordes y de hacer algo que realmente cambie las cosas. Y antes de que leas esta lista y digas: "Bueno, ¿a

ÉXITOS DEL PODÓMETRO
Fred Kasch: la compensación

Fred Kasch, de San Diego (California), es posible que no haya confiado en un podómetro para mantenerse en forma; pero, a la edad de 92 años, es la prueba viviente de que mantenerse activo es una manera infalible de mejorar tu calidad de vida al envejecer. Kasch, catedrático retirado de educación física en la San Diego State University, dirigió un programa para verificar el estado de forma de los adultos mediante el cual realizó un seguimiento de algunos participantes durante más de 30 años. Sus datos, que se convirtieron en una investigación que hizo época, mostraron que hombres que permanecían activos tenían menor tensión arterial, así como menores frecuencias cardíacas en reposo y niveles de grasa corporal, y también ralentizaban el deterioro en la capacidad aeróbica que ocurre con la edad.

Kasch, ejemplo de esto él mismo, todavía practica el esquí de descenso y la caza de ciervos, y alterna la caminata y el *jogging* durante 3 o 5 kilómetros la mayoría de los días, además de hacer gimnasia enérgicamente. Cuando recientemente siguió la pista a sus niveles de actividad con un podómetro durante 63 días, sus registros mostraron una media diaria de casi 4.500 pasos, lo cual no incluía su frecuente práctica del baile, el excursionismo y el ciclismo, ni cortar madera. Sus anotaciones adicionales (ir andando a un restaurante situado a 1,2 km; serrar madera, 30 minutos; ir andando a casa de un amigo situada a 2,4 km; correr/caminar 4,7 km) indican la clase de vida activa que convierte el envejecimiento en algo casi deseable.

quién se le ocurriría hacer esto para andar más?", hazte estas preguntas: ¿Cuántas personas se mudarían de ciudad por un empleo mejor pagado? ¿Cuántas familias se trasladarían a un barrio distinto para disponer de mejores escuelas? Más relevante aún, ¿cuántas personas pagan cuotas de seguros más elevadas o incluso cogen un nuevo empleo para disponer de mejor cobertura médica? Si piensas en las cosas que haríamos para nuestro bienestar o el de nuestra familia, ¿por qué crear o trasladarse a una comunidad más peatonal no debería figurar en la lista?

Con ese atractivo, he aquí algunas cosas reales que puedes hacer para introducir más pasos en tu vida y crear una comunidad más peatonal, sana y habitable.

Caminar con personas mayores

Ponte en contacto con un centro o residencia de la tercera edad cercano y ofrécete como voluntario para pasear con visitantes o residentes. Es posible incluso ofrecerse a ayudar a las personas mayores a hacer recados a pie. Lo más importante, por supuesto, es la oportunidad de visitar y establecer algo de contacto intergeneracional, sencillamente: algo que se echa muchísimo de menos en gran parte de nuestra sociedad.

Apuntarse a una prueba pedestre

Las pruebas de marcha y las caminatas están en un momento álgido de popularidad (incluso los directores de carreras atléticas admiten que los caminantes y marchadores constituyen una porción cada vez mayor de sus participantes). Así pues, ¿por qué no organizar una prueba benéfica de 3 kilómetros para tu parroquia o tu escuela, o un paseo educativo vespertino con la sociedad histórica de tu localidad? Si lo conviertes en un acontecimiento mensual o semanal, realmente conseguirás y mantendrás un incremento de pasos.

Construye una senda

La buena noticia es que no tienes que hacerla con tus propias manos, aunque eso pueda ser lo más divertido. Pero la construcción de sendas podría abarcar desde ayudar a construir o mantener una sección de sendero excursionista escabroso en pleno campo hasta trabajar para convertir una sección de una servidumbre de paso junto a una antigua vía férrea en una senda multiuso a través de una ciudad. Piensa en organizarlo a nivel local: interesando a vecinos y amigos en sendas dentro y en torno a tu comunidad. Esto facilita mucho las cosas cuando te diriges a funcionarios municipales electos para solicitar apoyo, financiación y servidumbres de uso de propiedades.

Convierte tu lugar de trabajo en un lugar de paseo

De un tiempo a esta parte, las empresas se han dado cuenta de que incrementar la actividad física de los empleados puede reducir el

absentismo y los costes de salud, al tiempo que se mejora la productividad y la satisfacción de los trabajadores. Así que ayuda a tu jefe a establecer la conexión entre estimular a la gente a caminar más y el balance de la empresa. Iniciativas concretas que puedes proponer:

- Proporcionar aparcamiento cubierto y seguro para bicicletas, vestuarios y duchas para los empleados que vayan a pie o en bici a trabajar y sesiones de ejercicios a la hora del almuerzo.

- Ofrecer horario flexible; facilita la capacidad de realizar pequeños paseos durante la jornada, compartir los deberes de llevar a pie a los niños al colegio, o sacar tiempo para ir de casa al trabajo y del trabajo a casa a pie o en bicicleta.

- Abrir y limpiar huecos de escaleras; en los edificios más grandes, definir circuitos de pasillos por los que los empleados puedan caminar a cubierto (cuando haga muy mal tiempo); crear sendas o marcar kilometraje y número de pasos en senderos al aire libre.

 PASOS HACIA EL ÉXITO

¿Andar más mientras trabajas?

Tal vez hayas oído hablar de los atriles o mesas diseñados para trabajar de pie que se fomentan para mejorar la postura y la salud de la espalda. Pues bien: ¿qué me dices de ponerle delante un tapiz rodante (cinta para caminar) y acumular pasos mientras escribes correos electrónicos o hablas por teléfono? Antes de que te rías burlonamente, has de saber que el Dr. James Levine, de la Clínica Mayo de Rochester (Minnesota), un investigador que ha examinado el impacto de "consumir calorías moviéndose inquieto en la silla", camina a 1,1 km/h en el tapiz rodante mientras trabaja sentado a su mesa. Da la impresión de que ha creado el definitivo entorno de oficina favorable a caminar.

- Lanzar un programa de caminar para empleados. Financiar el coste de podómetros, crear equipos departamentales y entregar premios.
- Entusiasmarse de verdad, como hacen los gerentes más innovadores, subvencionando los viajes activos de casa al trabajo y del trabajo a casa. Regalar bonos de transporte, pagar un suplemento a la gente que camine y vaya en bicicleta, pero cobrar el aparcamiento para empleados. ¡Eso sí que sería un verdadero estimulo para andar!

"Desengancha" a tus hijos, amigos y colegas del servicio de chófer

Declara una moratoria sobre los traslados en coche al colegio, el centro comercial, el vídeo, o cualquier otro sitio al que podría irse con seguridad caminando, en bicicleta o en autobús, o evitarse del todo. Para los niños, se trata de una excelente oportunidad de reducir el tiempo en automóvil e incrementar el viaje activo: después de todo, puedes seguir llevando a tu hijo a pie a casa de un amigo o al entrenamiento de fútbol. Pero incluso los adultos son adictos al coche; piensa en el compañero de trabajo que dice: "Vamos, os llevo en mi coche al otro edificio para la reunión", cuando a menudo bastaría ir a pie.

Mide la peatonalidad de tu barrio

Busca en la Red o copia la lista de comprobación de peatonalidad que encontrarás al final del libro. Entrégasela a vecinos, amigos y familiares, y hazles que la rellenen en un recorrido típico a pie. Luego recógelos y busca zonas problemáticas comunes. Comparte tus hallazgos con el ayuntamiento y la concejalía de obras públicas, y luego empieza a propugnar

mejoras. Muchas instalaciones para caminar y pasear se desatienden sólo porque nadie ha pedido ayuda o mantenimiento regular.

Organiza un Día de Ir Andando al Colegio

Una de las iniciativas relacionadas con caminar más emocionantes en los Estados Unidos y en todo el mundo (especialmente Inglaterra y Canadá) es el Día Internacional de Ir Andando al Colegio. La idea es sencilla: ese día se anima a los padres o tutores y a los niños a ir a pie a la escuela (normalmente el primer miércoles de octubre), para reconocer la necesidad de itinerarios pedestres seguros y accesibles y la importancia de la actividad diaria para la infancia. (En Estados Unidos, los niños presentan los mismos riesgos de inactividad que los adultos; los índices de obesidad infantiles se han disparado en los últimos 30 años. Véase el recuadro "Dicho sea de paso: Cumplir años paso a paso" en la pág. 68, dentro de la Tercera Semana.) Pero este problema exige algo más que un acontecimiento de un solo día.

La idea fundamental es estimular cambios permanentes para que los niños puedan caminar a diario, no sólo el Día de Ir Andando al Colegio. Hay comunidades que han mejorado los cruces peatonales, contratado a guardias específicamente para vigilar dichos cruces, lanzado programas de educación vial y reparado aceras y carriles peatonales como resultado de las reacciones transmitidas por adultos y niños durante las celebraciones de "Ir Andando al Colegio". Muchos usan listas de comprobación de la movilidad peatonal para que los caminantes puedan catalogar las posibilidades de mejora durante sus paseos, marchas y caminatas (ver págs 149 y 150).

Pon en marcha un "Autobús" Escolar Caminando

Supongamos que ya se haya celebrado un Día de Ir Andando al Colegio, pero ¿cómo se consigue que los niños (y los adultos) sigan caminando? Poniendo en marcha un "autobús" escolar caminando, por supuesto. La idea es crear rutas establecidas que emplearán los niños para ir andando al colegio con la supervisión de adultos. A medida que el "autobús" recorre a pie la ruta (a veces los participantes llevan gorros o bufandas de color), se va recogiendo a los niños a lo largo del camino. No es raro que los adultos vayan tirando de un carro para las carteras de los niños.

Esto tiene la inmensa ventaja de conseguir que los niños caminen todo el año —estos "autobuses escolares" han tenido éxito en ciudades muy frías como Chicago y Toronto— mientras disipan las preo-

cupaciones de los padres por la seguridad de sus hijos. A los niños se les enseñan conductas peatonales seguras, y el entorno se vuelve más seguro simplemente porque hay más gente por la calle.

Déjate ver en las Reuniones Municipales o de la Comunidad de Vecinos de tu Urbanización

Muchas de las decisiones más importantes que afectan a la peatonalidad de tu comunidad se toman a nivel local. Cómo asigne la consejería de urbanismo o la junta de planificación y zonificación los espacios abiertos, ya sea el que exija o no la provisión de aceras en barrios nuevos, dónde se construyen los centros educativos o la ubicación de los centros comerciales, ejerce un enorme impacto en las posibilidades de caminar como parte de la vida diaria. No se irá andando muy a menudo a la tienda de la esquina si la "tienda de la esquina" está a 8 kilómetros, y eso es lo que sucede si los promotores inmobiliarios observan la mayoría de las ordenanzas actuales sobre zonificación.

La mayoría de las ordenanzas que afectan a las nuevas zonas residenciales dan por supuesto que una separación de usos es buena, lo cual data de una época en que nuestras industrias eran muy sucias y no queríamos compartir su contaminación donde vivíamos. Pero ahora que los espacios entre los lugares en que trabajamos y vivimos y las tiendas y los espacios de juego están tan distantes entre sí, se nos exige que vayamos a casi todas partes en coche. De hecho, el Departamento de Transportes de EE. UU. afirma que ¡más del 90 por ciento de todos los trayectos se realizan actualmente en automóvil! (Una idea aterradora dado el precio cada vez más disparado de la gasolina.)

Si quieres que eso cambie, tienes que hacerte oír. Acude a las reuniones de planificación y exige que las nuevas zonas urbanizadas tengan aceras y una zonificación que incluya comercios al por menor y servicios que se hallen a una distancia de las casas que sea posible recorrer a pie. Insiste en que los colegios se construyan lo más cerca posible de donde viven la mayoría de los alumnos. Aboga por la conservación de espacios libres y parques lineales con carriles pedestres y sendas que conecten los barrios, las escuelas y las áreas comerciales. Ten la seguridad de que tu voz será escuchada. Nosotros mismos nos hemos implicado en nuestras localidades y nos ha sorprendido el poco número de vecinos que se personan y hablan en esas reuniones públicas; pero los que lo hacen ejercen una influencia considerable en el proceso.

Vende uno de vuestros coches... o todos ellos

Las familias estadounidenses se están acercando rápidamente a la media de un automóvil por cada conductor de la casa. Por supuesto, *tenemos* que invertir la tendencia. Librarse de un coche en una fami-

ÉXITOS DEL PODÓMETRO

Claire Tinkerhess: *Comprarles* pasos a sus empleados

Claire Tinkerhess es una mujer de negocios que obra de acuerdo con sus opiniones. Tinkerhess, de 44 años de edad, copropietaria de una sucursal de la marca de calzado Birkenstock en la Cuarta Avenida de Ann Arbor (Michigan), va y viene a pie de casa a su tienda dando un paseo de 10 a 15 minutos cinco de los seis días de la semana laboral. Su marido, Paul, y ella, que han sido propietarios de la tienda durante más de 15 años, quieren que sus empleados se beneficien también de caminar, así que abonan una prima de 2 dólares al día al empleado que opta por no ir en coche a trabajar: unos nada despreciables 40 dólares al mes para un andarín de gran dedicación. Claire conoce los beneficios para la salud que tiene andar, pero como propietaria de un negocio, ve también otro lado positivo. Caminar ofrece la oportunidad de charlar con vecinos y otros propietarios de tiendas, y así refuerza los vínculos comunitarios, claves para la vitalidad de cualquier barrio comercial. Además, su coche raramente ocupa un espacio de aparcamiento que podría usar un cliente, y encima ahorra en gasolina. Aunque Claire dice que ir andando a trabajar le exige un poco más de planificación (tiene que estar más atenta al reloj y pensar en lo que puede llevar), los problemas son pocos. Especialmente si se lleva puesto calzado cómodo. ¿Que qué calzado recomienda? Birkenstock, por supuesto.

DICHO SEA DE PASO

10 beneficios de una comunidad más peatonal

Por si tienes alguna duda de si merece la pena el tiempo que le dediques, he aquí 10 razones rápidas por las que necesitas construir o mudarte a una comunidad más peatonal (todas ellas basadas en investigaciones):

1. **Salud.** Ésta es la más sencilla: si vas adonde sea más seguro y atractivo caminar, andarás más y tendrás una vida más larga y más sana. Sobre esto ya se ha dicho bastante.

2. **Economía.** A los negocios locales les va mejor cuando los residentes van de compras andando por su barrio o localidad, en vez de ir en coche a centros comerciales distantes.

3. **Valor inmobiliario.** Tu casa valdrá más en una comunidad más segura y más peatonal. Además, los negocios querrán establecerse allí: será más fácil mantener a los empleados y éstos estarán más sanos.

4. **Seguridad.** Los policías lo explican así: tener más ojos en la calle es un tremendo elemento disuasorio para la delincuencia. Por tanto, cuantas más personas haya paseando por las calles, más seguros serán los barrios.

5. **Mayor limpieza del aire.** Los coches generan mucha contaminación ambiental y contribuyen en gran medida a los gases que provocan el efecto invernadero.

lia que tiene dos o tres os ahorrará un montón de dinero (las investigaciones afirman que mantener un coche cuesta entre 6.500 y 8.000 dólares al año, incluyendo adquisición, financiación y mantenimiento, pero sin incluir los impactos ambientales y sobre la salud). Pero lo que prescindir de uno de los coches sí hace realmente es ayudarte a romper con el hábito de salir por la puerta y dar por supuesto que siempre tienes que ir conduciendo a todas partes. En realidad tienes que preguntarte: *¿Necesito de verdad ahora mismo el coche, o puedo dejarlo?* (para tu cónyuge, compañero de piso o habitación, hijos, etc.).

El ejemplo definitivo es no tener ningún coche. Los programas para compartir el automóvil están creciendo rápidamente en las gran-

6. **Agua más limpia.** Los aceites, los líquidos y el polvo pulverizado de neumático de los coches se levanta de las carreteras y va a caer sobre la superficie del agua del municipio. Por sí sola, ésta es suficiente razón para viajar menos en coche y más andando.

7. **Menos congestión de tráfico.** Cada vez que alguien va andando, significa que hay un coche menos en la carretera. Con investigaciones que demuestran que no se puede evitar la congestión simplemente ensanchando las carreteras, tenemos que introducir más pasos, no más carriles.

8. **Calles más silenciosas.** Nos hemos acostumbrado al ruido de los automóviles, en vez de al timbre de las bicicletas. ¡Deberíamos poder caminar y montar en bicicleta en los barrios!

9. **Menos dependencia del petróleo extranjero.** Con el precio de 100 dólares el barril que se avecina, puedes estar seguro de que no podremos confiar indefinidamente en las importaciones de crudo. Necesitamos desesperadamente volver a convertir el caminar y la bicicleta en modos de transporte centrales y ayudar a poner fin a la adicción de Estados Unidos a los combustibles fósiles.

10. **Calidad de vida.** Si andáis más tu familia y tú, tus hijos conocerán a vuestros vecinos, y vuestros vecinos os conocerán a vosotros. Si les veis con frecuencia, os preocuparéis los unos por los otros como todos solíamos antaño. Y tus hijos sentirán que forman parte de una comunidad. No dudes de que sea posible: ¡anda más y lo verás por ti mismo!

des y las pequeñas ciudades. Puede uno registrarse *online* (p. ej., en *www.compartir.org,* web de la Red de municipios y organismos que fomentan la movilidad sostenible compartiendo coche) y usar un automóvil "del barrio" siempre que lo necesites, pero compartir los costes fijos con otras personas, de manera que no pagues por todo el tiempo que esté aparcado sin utilizarse.

En beneficio de todos

En EE. UU. la legislación federal y los presupuestos del Estado pueden ejercer un enorme impacto en los caminantes. Los recientes presupuestos federales para transporte destinan una pequeña fracción de

sus fondos específicamente para programas y servicios para bicicletas, peatones y transporte público. Aun así, dado que los presupuestos totales son *cientos* de miles de millones de dólares a lo largo de varios años, eso deja cientos de millones para que los emplee cada Estado en sendas de bicicleta y pedestres, mejoras en seguridad vial, sistemas de transporte público y otros temas relacionados.

Es conveniente abogar con vehemencia por dos cosas: asegurar que esos dólares se utilicen para beneficio de peatones y ciclistas dentro de cada Estado, e instar a que se incremente constantemente esta asignación presupuestaria de la cantidad de dinero recaudada mediante impuestos. Está claro que simplemente construir más carreteras no va a resolver los problemas de congestión, contaminación o consumo de energía, y no parece servir de ayuda tampoco a la salud pública. Sin embargo, con el tiempo, que muchos más ciudadanos vayan a pie y en bicicleta a la tienda o al trabajo podría influir notablemente en estos temas apremiantes.

Búscate una nueva casa: ¡vive donde puedas caminar!

Si estás realmente preparado para jugarte el todo por el todo, entonces ¿por qué no trasladarte a una comunidad donde puedas andar más y conducir menos? Existen de verdad lugares donde en 9 de cada 10 ocasiones en que salgas por la puerta para ir a alguna parte, no tienes que sacar el coche, sino simplemente ir a pie o en bicicleta a donde quieras.

¿Te parece una locura? Pues bien, párate a pensar en algunas de las ciudades y pequeñas localidades más deseables de Estados Unidos, lugares que regularmente encabezan las listas que se publican de las comunidades más habitables. (Echa una ojeada a *www.walkable.com*, donde encontrarás listados actualizados.) Uno de los elementos universales de estos lugares —desde Portland (Maine) hasta Portland

RECUPERARSE EN TRES SEMANAS

La primera semana, establece tu nueva base de referencia (punto de partida). No cambies de vida, tan sólo averigua tu media diaria de pasos. En la segunda semana, trata de incrementar el número de pasos volviéndote a acercar a tu meta. Si has bajado menos de un 20 por ciento, puedes tratar de recuperar todos los pasos perdidos de golpe. Luego en la tercera semana, asegúrate de poder mantener su media de 10.000 pasos (o más).

Pero si has bajado más del 20 por ciento, no te apresures en volver a los 10.000. Vuelve metódicamente, poco a poco, añadiendo un 10 o un 20 por ciento semanal, y recupera los hábitos que mantienen altos tus totales de pasos.

(Oregón), y desde Chicago (Illinois) hasta Austin (Texas)— es que están construidos a escala humana, y te invitan a salir por ellos a pie. Incluso grandes ciudades como Seattle, San Francisco, Boston o Washington, DC, tienen bulevares y monumentos, parques y senderos que animan a andar en vez de desanimar a ir a pie. Lo mismo cabe decir de los sitios que elegimos para ir de vacaciones, desde Nantucket hasta Santa Fe: ¡una de las razones por las que vamos allí es porque podemos recorrerlos a pie y disfrutar de ello!

Cuanto más conservemos y habitemos los lugares que sean muy favorables para caminar, tanto más convenceremos a los promotores inmobiliarios, las cámaras de comercio y los políticos a tener presente esta cuestión en sus planes urbanísticos para el futuro. Así que no sólo haces que tu propia vida sea más propicia para caminar, sino que, mediante tu elección, consigues también que se escuche tu opinión.

Da ejemplo: date un paseo

Y así terminamos donde empezamos: instándote simplemente a salir por la puerta de casa y darte un paseo. Porque de eso es de lo único que se trata. Cuando caminas, te mejoras a ti mismo; pero también mejoras tu comunidad. Mediante tu mera presencia al aire libre, disfrutando de una de las actividades de la vida más sencillas y más

sanas, invitas a otros a unirse a ti. Cambias el paisaje simplemente estando allí, sugiriendo a otras personas que tal vez valga la pena salir de casa a darse una vuelta. Algo que, por supuesto, tú ya sabes.

Programa para la sexta semana

Ni que decir tiene que, si te hallas por debajo de tu meta de 10.000 pasos al día, has de seguir tratando de mejorar tu media diaria. No es ningún crimen tomarte tu tiempo para conseguirlo: conocemos personas que tardaron seis meses o más en averiguar cómo introducir suficientes pasos en sus jornadas para lograr una media sistemática de 70.000 a la semana. Así que no cejes en tu empeño, y sigue esforzándote en añadir pasos a tu rutina y realizando avances hacia la meta.

Pero la gran pregunta es ésta: ¿Qué vas a hacer para conseguir que sea permanente tu nuevo total más elevado, sea éste el que sea? No sólo permanente cuando te acuerdes de llevar puesto tu podómetro o verificar tu cuenta diaria, sino permanente en el sentido de que pienses de esta manera todo el tiempo; permanente en el sentido de: "Oye, sólo se tardan 15 minutos a pie hasta el cine, y disponemos de 35 minutos antes de la película, vamos a ir andando". Y siendo tú quien hace la sugerencia, no ese cuñado tuyo que es un fanático del *fitness*.

Desde luego que el primer paso es seguir reforzando constantemente esto como manera de pensar: *Siempre que pueda, trataré de dar más pasos*. Pero la verdadera pregunta esta semana es: ¿Estás listo para dar un salto mayor? Al ir sintiendo los beneficios de un estilo de vida más sano en tan sólo cinco semanas, ¿te has dado cuenta de que vale la pena no dejarlo? Probablemente estés durmiendo mejor, hayas perdido algo de peso y tengas más energía. Todo eso está ahí

PASOS HACIA EL ÉXITO
¡No te desprendas del podómetro!

Préstaselo, por supuesto, a tus amigos si quieres, y anímales a seguir este programa de seis semanas; pero luego diles que consigan su propio podómetro (o demuéstrales tu amistad regalándoles uno a cada uno como obsequio de buen augurio para su éxito). ¿Por qué este repentino acceso de posesividad? Porque vas a volver a necesitar tu podómetro, créenos, aunque no sigas llevándolo todo el tiempo a partir de ahora. Es posible que estés llegando a 10.000 pasos ahora o cualquier día de éstos, pero hay muchas maneras de que puedas perder terreno. He aquí una lista parcial de las clases de acontecimientos que trastocarán una vida llena de pasos:

- Empezar la universidad.
- Licenciarse en la universidad.
- Casarse.
- Quedarse embarazada.
- Dar a luz.
- Dar a luz gemelos (o mellizos).
- Conseguir un empleo.
- Ser despedido del trabajo.
- Conseguir un nuevo empleo.
- Enfermar.
- Trasladarse a una nueva ciudad.
- Que vaya a vivir a tu casa un familiar.
- Ganar a la lotería.

Ya te haces idea. Todos estos trastornos de la vida y muchos más bastan para echar por tierra tu agenda y obligarte a esforzarte denodadamente para conseguir los 10.000 pasos al día. Así que, si te pasa cualquiera de estas cosas, o siempre que sientas que "te patinan" los pasos, es buen momento para un programa mínimo de relanzamiento de tres semanas.

a tu disposición. Esta semana, toma la decisión de hacer permanente el cambio. Convoca a las personas importantes de tu vida, e introduce todos los cambios precisos para mantener tu estilo de vida favorable a caminar. Será el paso más importante que des.

ÉXITOS DEL PODÓMETRO
Steve atrasa el reloj con un podómetro

Steve Thompson, de Dover (Nueva Hampshire), que ahora tiene 50 años de edad, fue un modelo de éxito y vivió el sueño americano. Había trabajado en *marketing* empresarial durante 18 años, ganaba mucho dinero y vivía con su familia en una preciosa ciudad. Pero era duro: mucho estrés, plazos apretados, una agenda frenética, viajes incesantes, además de todas las necesidades de la vida normal, desde los deportes de los niños hasta el cambio del aceite en el coche, pasando por las reparaciones de la casa.

Steve había llevado una vida activa de joven, haciendo yoga, natación, socorrismo, y practicando deportes; en la universidad, era un joven delgado y en forma que pesaba 84 kilos y medía 1,88 cm. Pero eso había ido desapareciendo lentamente con las exigencias de ser adulto. Como dice Steve: "Simplemente vas ganando dos kilos y medio al año, durante 10 o 15 años. Y luego, de repente, llegas a los 50 y pesas 34 kilos de más". Descubrió que el agotamiento mental de la vida empresarial era insidioso: en vez de volver a casa y saltar sobre su bicicleta, abría una cerveza. "Uno acaba programado en hábitos que son menos activos. Dejas de pensar en ti mismo, y sólo piensas en todo lo que tienes que hacer." Durante años, su médico le había advertido que su colesterol y su tensión arterial estaban descontrolados y que tenía que adelgazar. Pero Steve pensaba: *Mi médico está más gordo que yo, ¿por qué debería escuchar a este tipo?* Así que acabó medicándose para la tensión arterial y tomando estatinas para el colesterol.

Desgraciadamente, como en tantas historias que escuchamos, Steve tuvo que sufrir un percance importante para reconocer lo que estaba sucediendo. Cuando Steve tenía 48 años, su hermano, que tenía entonces 53, sufrió un infarto masivo de miocardio y necesitó un quíntuple *bypass*. Su hermano pesaba nada menos que 163 kilos; Steve, 122; y recuerda bromear con el médico mientras visitaba a su hermano: "Bueno, ¿yo debería ir haciendo *ya* la reserva?".

Se rieron, pero Steve llegó a pensar que aquello tenía más de realidad que de ficción. Recuerda que se dio cuenta: *Voy por mal camino. Tengo que dar media vuelta y volver a encaminarme en la dirección contraria.* Lo realizó haciéndose unas preguntas sencillas: *¿Cuándo he sido más feliz en la vida? ¿Cuándo estuve más sano? ¿Cuándo tuve más energía?* Y adoptó dos sencillas medidas para volver allí: se puso a régimen, con una dieta equilibrada de alimentos integrales y carente de azúcares refinados, y consiguió un podómetro y empezó a dar 10.000 pasos al día, a diario.

Encontró información y un programa formal por Internet, pero aun así le resultó muy difícil: los días malos en el trabajo le dejaban con tan sólo 2.500 a 3.000 pasos, lo que le exigía una caminata de 7.000 pasos de noche. Encontró el podómetro una herramienta de valor fundamental: "Los días realmente bajos pensaba: *Bueno, qué rabia, tengo que incrementar mis pasos al final del día.* Así que empiezas a coordinar tus esfuerzos *durante* la jornada. Iba de verdad al cuarto de baño a propósito para añadir pasos. Iba andando a la oficina de otras personas en vez de llamarlas por teléfono. A la hora de comer, me daba un paseo rápido en torno al edificio: pedía a la gente que caminase conmigo, incluso tan sólo 15 minutos. Empiezas a ser previsor y a calcular lo que tienes que hacer para conseguir tus 10.000 pasos".

Su mujer, Beth, le acompañaba en muchos paseos y él perseveró, caminando al aire libre incluso en medio de lo peor del invierno de Nueva Hampshire. Con el tiempo, decidió que estar constantemente sentado (interminables reuniones, los períodos ante el ordenador y al teléfono, incluso comiendo en su mesa de trabajo) tenía que acabarse. Dejó su empleo para empezar a asesorar y a montar su propio negocio, agenda y estilo de vida. Y se dio cuenta de que las recompensas eran muchas.

"Descubres que con cada kilo que pierdes al invertir el camino, retiras otra capa de daños emocionales, y tu amor propio y la imagen que tienes de ti mismo empiezan a volver", dice Steve. ¿Uno de los signos reales de éxito? "Hasta tu vanidad empieza a volver. Flexionas los brazos ante el espejo y puedes decir: *Vaya, no está tan mal.*"

Pero he aquí la gran recompensa: No sólo perdió 34 kilos, sino que en nueve meses Steve pasó de tener una cita casi segura con el cirujano de corazón a dejar de tomar sus dos medicaciones. Y Beth siente que ha vuelto a ser el hombre con quien se casó, con una verdadera alegría de vivir. Juega al tenis, hace yoga, incluso meditación, y atribuye a los 10.000 pasos de caminata diaria la ayuda para abrir todas esas puertas.

Steve ofrece una advertencia: "Es posible que tus actuales amigos no te reconozcan al perder los kilos. Pero vi a un tipo de hace 20 años que me reconoció al instante, demostrando así que realmente yo había vuelto atrás en el tiempo". Fue exactamente como había esperado. Y no vayas a pensar que se guarda el secreto para sí mismo: Steve ahora tiene un grupo informal de más de 20 amigos que siguen junto con él el plan de 10.000 pasos al día y comida saludable. Tal vez puedas seguir su ejemplo e invitar a un amigo en tu próximo paseo.

Diario de pasos de la sexta semana

Número de pasos	¿Algo especial hoy?
Lunes	
Martes	
Miércoles	
Jueves	
Viernes	
Sábado	
Domingo	
Total Semanal	

Media diaria: _____

(total de pasos semanales dividido por 7)

Meta diaria para la semana próxima: _____

(media diaria x 1,2, para aumentar un 20 %)

Las 11 preguntas más frecuentes

Para facilitar la consulta, hemos recopilado las preguntas sobre caminar con podómetro que hemos considerado más comunes y candentes. Si necesitas más información sobre cualquiera de los temas, basta con que busques la página de referencia y sigas leyendo. ¡Úsalas para ayudar a enganchar a familiares, amigos y extraños a usar podómetro!

1. ¿Qué es un podómetro?

Un podómetro es un aparato del tamaño de un busca que se fija mediante un clip al cinturón o a la pretina y cuenta el número de pasos que se dan. Cuando la cadera oscila, también lo hace la péndola del aparato, lo que provoca que se registre un paso en el panel de visualización o en el contador (véase "¿Cómo funcionan los podómetros?", pág. 23).

2. ¿De dónde saco un podómetro?

Pregunta en detallistas de material deportivo y especializados en atletismo, tales como tiendas de material para corredores o aire libre, o busca en Internet.

3. ¿De qué clase me lo compro y cuánto costará?

Espera pagar entre 20 y 35 euros, y busca un modelo digital sencillo con lectura de cristal líquido numérica y un solo botón de reposición (*reset*) para poner a cero la cuenta de pasos. Entre los más precisos en pruebas de investigación estaban los Digi-Walker; su versión sólo con recuento de pasos (*steps-only*) cuesta unos 20 euros. Modelos más caros también calculan la distancia cubierta y las calorías consumidas, pero esas prestaciones no son necesarias. Es también clave un clip resistente y un cordondillo de seguridad que puedas pasarte por una de las presillas del cinturón o fijar a la pretina.

4. ¿Cómo se lleva puesto el podómetro? ¿Cómo se sabe que está funcionando bien?

Fíjate el podómetro mediante su clip a tu pretina o cinturón, en la parte anterior de la cintura, alineado con una rodilla. Asegúrate de que el frontal del podómetro se halle perpendicular al suelo: no tiene que estar girado ni a la izquierda ni a la derecha, ni inclinado hacia delante o atrás. (Si esto supone un problema, véase "Cómo llevar el podómetro" en la pág. 27.) Pon a cero el podómetro y camina arriba y abajo contando los pasos de ambos pies hasta llegar a 50. Tu recuento y el del podómetro no deben diferir en más de cinco pasos.

5. ¿Cuándo tengo que llevar puesto el podómetro?

Nuestra idea es medir todas tus actividades, no sólo el ejercicio formal, así que lleva puesto el podómetro toda la jornada, a diario, a menos que estés nadando, duchándote o desnudo. Póntelo cuando te levantes por la mañana, quítatelo al meterte en la cama, toma nota del total de pasos y luego ponlo a cero para el día siguiente.

6. ¿Qué actividades cuentan para mi total de pasos? ¿Y montar en bicicleta?

Prácticamente todo lo que mueva tus caderas registrará pasos en tu podómetro. Caminar, correr, subir escaleras, practicar deportes como el baloncesto, el tenis o el fútbol, y actividades de *fitness* como las clases de aeróbic y las sesiones de tapiz rodante y máquina escaladora, todos ellos contribuyen al recuento final. Montar en bicicleta es otra historia. Los podómetros no pueden medir con precisión este movimiento de cadera, pero si te atas o te fijas con seguridad el podómetro a los cordones de una zapatilla, contará pedaladas, que es más o menos el equivalente a contar pasos (véase pág. 86 para las cantidades típicas de pasos).

7. ¿Cuál debe ser mi meta de pasos diarios?

He aquí tres objetivos aproximados que perseguir. Ten presente que tu estilo de vida, dieta y manera de pensar pueden significar que tengas que hacer ajustes en más o en menos para lograr tu meta (véanse más detalles en pág. 67).

1. Para controlar el peso y mejorar la salud del corazón, proponte dar como mínimo 10.000 pasos al día.
2. Para mejorar la salud a largo plazo aparte de una pérdida de peso más apreciable (más pasos consumen más calorías), apunta a entre 12.000 y 15.000 pasos al día.
3. Para mejorar la capacidad aeróbica (fuerza cardiopulmonar), asegúrate de que 3.000 de tus pasos diarios sean a un ritmo rápido varias veces a la semana.

8. De todos modos, ¿qué distancia se recorre en 10.000 pasos?

Una regla general aproximada es que 1.250 pasos equivalen a un kilómetro, es decir, 2.500 a dos kilómetros y 10.000 pasos, por tanto, a unos ocho kilómetros. Pero los caminantes más altos darán menos pasos por kilómetro, y los más bajos darán más. Recorre andando la pista del polideportivo más cercano (que mide 400 m) para determinar el número de pasos que das en uno (dos vueltas y media a la pista) o dos kilómetros (cinco vueltas a la pista), pero mantente centrado en incrementar tus totales de pasos diarios, no en cubrir una cierta distancia (véase pág. 48).

9. ¿Cómo mejoro mi total de pasos diario?

Primero, encuentra maneras de andar más en tu vida diaria: sube por las escaleras, date otra vuelta por el centro comercial antes de comprar... Has oído hablar de ello antes, pero ahora puedes de verdad medir estas adiciones, porque tienes podómetro. Segundo, añade actividades estructuradas que incrementen el número de pasos (piensa en un paseo matinal diario y en una excursión bimensual, pág. 91). Una estrategia más extrema: trasládate a una localidad donde pueda irse a pie al trabajo y a los recados, o a un barrio que ofrezca aceras, sendas pedestres y carriles bici seguros (pág. 124). En otras palabras, convierte dar más pasos en parte de cada jornada.

10. ¿Puede mi podómetro calcular la distancia que recorro andando, o las calorías que consumo?

Calibrando tu podómetro, puedes conseguir un cálculo bastante aproximado de la distancia que recorres en un paseo dado, porque la zancada de las personas tiende a ser constante a una velocidad determinada. Para medirte la longitud de zancada que introducir en un podómetro que mida distancias: usa el podómetro para contar tus pasos recorriendo exactamente una vuelta por la calle interior de una pista de atletismo de 400 metros. Para calcular tu longitud de zancada, divide 400 metros por el número de pasos que hayas dado, e introduce esa cifra en el podómetro de acuerdo con las instrucciones (pág. 51).

Respecto al consumo de calorías, los cálculos del podómetro no son fiables: hay demasiados factores en juego para que pueda ser preciso (pág. 53).

11. ¿Y si me estanco en una rutina y no soy capaz de añadir ningún paso más a mis jornadas?

Si estás empleando todas las herramientas de las semanas Primera a Quinta y te encuentras más activo, pero no lo bastante para satisfacer tus metas, no te preocupes. Bucea en la Sexta Semana para hallar estrategias que te ayuden a mejorar siquiera un poquito y a crear un estilo de vida verdaderamente activo.

Lista de comprobación de la peatonalidad de tu barrio

(Adaptado de la lista de comprobación de la Asociación para una América Peatonal; *www.walkinginfo.org*)

Lleva esta lista de comprobación en un recorrido típico a pie (a casa de un amigo, la guardería de tu hijo, la tienda de la esquina) y comparte copias con tus amistades. Toma nota de cosas que puedan desanimarte a ti (o a un niño) a ir andando con regularidad y sus ubicaciones. Califica cada una de 1 a 6; compara tus notas con las de otras personas para identificar los principales problemas. Después habla con funcionarios públicos y establece prioridades para introducir mejoras.

1. ¿Hay espacio para caminar?   **Calificación:** _____

(6 = espacio para 2 o 3 personas; 1 = apenas suficiente para 1)

Si la respuesta es negativa, toma nota de problemas concretos, como, por ejemplo, falta de aceras o aceras en mal estado; aceras bloqueadas con postes, señales o contenedores; falta de senderos y sendas; falta de arcenes.

Comentarios, ubicaciones: _____

_____

2. ¿Ha sido fácil cruzar las calles?   **Calificación:** _____

(6 = sin problemas; 1 = se tarda una eternidad y da miedo)

Si la respuesta es negativa, toma nota de problemas concretos, como, por ejemplo, calles o carreteras demasiado anchas para poder cruzarlas; semáforos que exigen esperas largas, o que dan poco tiempo para cruzar; falta de pasos cebra o de señales de tráfico; coches aparcados u otras cosas que impiden ver el tráfico al cruzar; falta de rampas en los bordillos.

Comentarios, ubicaciones: _____

_____

3. ¿El tráfico ha sido un problema?   **Calificación:** _____

(6 = no se nota; 1 = muchos coches, demasiado rápido, demasiado próximo)

Si la respuesta es afirmativa, toma nota de problemas concretos, como, por ejemplo, demasiados coches, o que la velocidad del tráfico era excesiva; o que los conductores salían sin mirar de los chalets dando marcha atrás; o que los conductores no cedían el paso a los peatones, sino que al girar se echaban sobre la gente que cruzaba por calles laterales; o que los conductores conducían a velocidad excesiva, aceleraban para saltarse el semáforo en ámbar, paraban en los pasos de cebra o los bloqueaban.

Comentarios, ubicaciones: _____

_____

4. ¿Te sentiste seguro?   **Calificación:** _____

(6 = caminaría solo por allí a cualquier hora; 1 = da miedo, incluso con otras personas, a pleno día)

Si la respuesta es negativa, toma nota de problemas concretos, como, por ejemplo, actividades o personas sospechosas; ninguna casa, tienda u otro lugar a la vista en que refugiarse en caso de problemas; ningún teléfono público; demasiada oscuridad; casi ningún otro peatón; actividad casi nula en la calle.

Comentarios, ubicaciones: _____

_____

5. ¿Ha sido un sitio agradable para pasear?   **Calificación:** _____

(6 = me encantaría volver; 1 = no tiene sentido pasar por allí)

Si la respuesta es negativa, toma nota de problemas concretos, como, por ejemplo, que haya que añadir más césped, flores o árboles, fuentes, sombra, bancos; oscuridad excesiva, suciedad; falta de elementos artísticos, naturales, arquitectónicos o históricos; pocos destinos deseables (tiendas, restaurantes, una biblioteca, oficina de correos, colegios, paradas de autobús o estaciones de metro) por el camino.

Comentarios, ubicaciones: _____

_____

Comprueba tu puntuación:

26-30:   Magnífico. Vives en una excelente comunidad peatonal.

21-25:   Bien. Pero hay que centrarse en puntos problemáticos.

16-20:   Sólo regular. Implica inmediatamente a tus vecinos y a los responsables municipales.

15 o menos: Llama a los servicios de emergencia: no es nada divertido pasear por allí, y la situación necesita arreglos urgentes.

Hacer más peatonal el mundo

Si tu itinerario a pie obtuvo poca puntuación, toma medidas. Comparte tus conclusiones con funcionarios municipales y servicios públicos. Comienza por las consejerías que se ocupen de obras públicas, transporte y policía. Comunícales (a ellos y a los medios de comunicación) puntos problemáticos concretos. Asimismo, ponte a arreglar lo que puedas. He aquí algunas cosas sencillas que puedes hacer; insta a tu familia y amigos a colaborar contigo:

Cosas que puedes hacer por ti mismo.

- Elige itinerarios mejores y más seguros para ir andando si es necesario. ¡Pero eso no basta!
- Recorta setos o árboles que obstruyan aceras o impidan ver el tráfico en un cruce de peatones.
- Planta árboles y flores ornamentales si tienes alguna propiedad que linde con aceras o sendas.
- Organiza un día de limpieza del barrio, o simplemente lleva contigo una bolsa y ve recogiendo basura en tus itinerarios normales a pie. Limpia siempre de nieve o desechos tu trozo de acera.
- Sé considerado como conductor. Da ejemplo: conduce a velocidades seguras en las zonas de viviendas, cede el paso a los transeúntes en las intersecciones, no te detengas en medio de los pasos de peatones.
- Notifica al servicio municipal de control de animales los casos de animales problemáticos, y a la policía las actividades sospechosas. Informa de las farolas y semáforos que estén fundidos a la concejalía de obras públicas.

Cambia tu comunidad.

- Hazte oír en reuniones de gobierno y planificación. Exige planificación, obras de ingeniería y políticas respetuosas con los ciclistas y los viandantes. Para información más detallada, puedes visitar estas webs estadounidenses (en inglés):

— El Centro de Información a Peatones y Ciclistas: *www.pedbikeinfo.org*.

— El Centro Nacional para Bicicletas y Peatones: *www.bikewalk.org*.

— El Programa "Vida Activa mediante el Diseño Comunitario" de la Fundación Robert Wood Johnson (RWJF): *www.activelivingbydesign.org*.

Construye una senda.

• Entérate de cómo mejoran la salud las sendas: *www.cdc.gov/nccdphp/dnpa/physical/trails.htm*

• Consigue convertir una servidumbre de paso en una senda; recurre a la asistencia de *Rails-to-Trails Conservancy* (organización dedicada a la conservación de sendas realizadas a partir de servidumbres de paso existentes en líneas férreas), poniéndote en contacto con ellos en: *www.railtrails.org*.

Además, en España existen más de 1.500 km de infraestructuras ferroviarias en desuso que han sido convertidas en vías verdes, siendo excelentes itinerarios para cicloturistas y senderistas. Puedes consultar las rutas en *www. viasverdes.com*

Consigue que los niños vayan a pie al colegio.

• Organiza algún evento en el Día Internacional de Ir Andando al Colegio: *www.walktoschool.org*.

• Monta un "autobús" escolar caminando y un programa completo de itinerarios seguros para ir al colegio: *www.walkinginfo.org*.

Da ejemplo yendo a algún sitio a pie todos los días.

Anima a otras personas mediante tus acciones. Para una lista detallada de recursos e información exhaustiva sobre cómo iniciar o mantener un programa de caminar, echa una ojeada a *The Complete Guide to Walking for Health, Weight Loss, and Fitness*, por Mark Fenton (The Lyons Press, 2001), o bien en español a *Caminar y adelgazar*, de Les Snowdon y Maggie Humphreys (recién aparecido también en DVD), *Andar es vivir más*, de Robles, Escobar y Cano, o la *Guía completa de caminar*, de Maggie Spilner, editados por Tutor.

Cómo los autores consiguen llegar a sus 10.000 pasos al día

Mark Fenton, de 44 años de edad, ingeniero, experto en marcha y caminar, padre de dos hijos. Sus jornadas varían desde los 7.000 pasos (demasiado ordenador) hasta los 15.000 (gran excursión con los niños), pero da de media 11.000. Lleva a sus hijos al colegio (y del colegio a casa) en bicicleta o a pie siempre que no está de viaje; practica la marcha atlética (fue miembro y entrenador del equipo olímpico de EE. UU.) o va a correr tres días a la semana, para mantenerse en forma; hace en bicicleta la mayoría de los recados por la ciudad; monta mucho en kayak (cuenta el equivalente en pasos) por diversión; y con frecuencia hace excursiones con la familia por espacios naturales protegidos.

Pasos extras: Cuando da conferencias, Mark insta a los organizadores a programarle para dirigir caminatas aeróbicas matinales. Así, ¡ni siquiera un día entero de reuniones se va de rositas sin haber caminado!

David Bassett Jr., de 47 años de edad, investigador, catedrático de universidad, padre de dos hijos. Da de media 9.500 pasos al día. Practica el *jogging* en una pista de atletismo de la universidad durante los descansos para el almuerzo (5.000 pasos o entre 5,6 y 6,4 km); pasea al perro por el barrio;

practica el senderismo con la familia en el Parque Nacional de las Great Smoky Mountains los fines de semana; realiza recorridos en bicicleta los domingos.

Pasos extras: A menudo aparca el coche y va andando o en bicicleta el resto del camino hasta el trabajo.

Tracy Teare, de 39 años de edad, escritora *freelance*, madre de tres hijas. Da de media 12.000 pasos al día. Monta en bicicleta, corre o nada cinco veces a la semana. Pasea al perro, se acerca andado con sus hijas hasta un salto de agua situado en su zona, y juega con ellas en el jardín (actual juego favorito: el semáforo). Fundó un club de Caminantes de los Miércoles en el colegio de educación primaria de sus hijas.

Pasos extras: Sube y baja constantemente escaleras para ir al ordenador, situado en el ático, y a la lavadora y la secadora, que las tiene en el sótano.

Índice temático